골목에서
사랑이
손을
잡았다

찬란한 문화사,
참담한 전쟁사

한국 사람들은 머리가 좋고
세계적 경쟁력을 지닌
우수한 민족이라는 평을 자주 듣는다.

이를 증명이나하듯 우리나라에는 뛰어난 문화재들이 많이 있고
현대에 와서는 근세의 어려움과 6 · 25전쟁의 폐허 속에서도 기적
이라 불릴 정도의 놀라운 경제적 성취를 이루기도 하였다. 하지만
우리 전쟁사에는 많은 안타까움이 있었다. 특히 조선시대 이후의
전쟁사는 참담함 그 자체였다.

임진왜란 때는 20일 만에 한양을 빼앗겼고, 병자호란 때는 4일 만에 한양을 빼앗겼다.

근세에 와서는 청나라와 일본, 러시아가 우리 땅에서 청·일 전쟁, 러·일 전쟁을 벌이는 것을 무기력하게 바라보다가 35년 동안이나 나라를 잃어버렸다.

해방 후에도 6·25전쟁을 맞아 단 3일 만에 서울을 빼앗기고 우리 땅이 자유민주주의와 공산주의 이념의 전쟁터가 되었다.

전쟁이 날 때마다 전 국토가 초토화되었고 수많은 사람들이 죽고 다쳤으며 종군위안부의 아픔을 반복해서 겪기도 하였다.

우리는 왜 이러한 전쟁의 참화와
아픔을 반복해 겪었고
나라를 잃어버리기까지 하였을까?

전쟁은 국민의 생사와 국가의 존망에 관한 일인데 전쟁에 대비하여 국민의 생명과 나라를 지키는 일을 소홀히 하였기 때문이었다.

동양의 병법가 손자는 전쟁에서 "적을 알고 나를 알면 백번 싸워도 위태롭지 않다.(知彼知己, 百戰不殆)"고 함으로써 "상대와 자신을 모르면 위태롭다."고 하였다.

4

과거 우리의 위태로움은
자신을 잘 몰랐던 데
기인하였던 것은 아니었을까?

손자는 "지리와 천시를 알아야 온전한 승리(知地知天 勝乃可戰)를 할 수 있다."라고도 하였다.

과거 우리의 전쟁사에는 을지문덕 장군의 살수대첩, 강감찬 장군의 귀주대첩, 이순신 장군의 한산도대첩과 같이 미약한 군대로도 강력한 원정군을 물리쳤던 위대한 승리의 장군과 3대첩이 있었다.

3대첩은 우리 군사력이 상대적으로 부족했음에도 상대와 자신의 강점과 약점, 한반도의 지리와 천시의 유리점과 불리점을 잘 이해하고 거기에 적합한 군사전략을 택하였던 위대한 장군이 있었기에 가능한 승리였다.

그러나 조선시대 이후 대부분의 전쟁 시에는 대비 소홀로 인하여 나라를 잃을 위태로움을 반복해서 겪었고 백성들은 말할 수 없는 고초를 당하였다. 더욱이 스스로 나라를 지키지 못하고 외세가 개입하는 현상이 지속적으로 나타났다.

이는 과거 승리의 장군들이 적용했던 한반도에 적합한 군사적 전문성과 노하우를 잘 계승시키지 못한 문제이기도 하다.

우리 역사와 전쟁사에서 나타난
한국 사람과 한반도는
바로 우리의 모습이다.

  이글은 우리 역사와 전쟁사에서 보여진 한국 사람들은 어떤 강·
약점을 가지고 있는 사람들이었는지? 이들이 살아왔던 한반도는 어
떤 유·불리점을 가지고 있는 곳이었는지? 깊이 생각해 보지 못했던
사람들에게 우리 역사와 전쟁사를 통해 돌아보게 함으로써 우리나
라와 국민의 관점에서 경제적 번영과 우리에게 적합한 전략과 무기
체계 개발 등에 필요한 영감을 얻는 데 도움이 되었으면 하는 차원
에서 쓴 글이다.

차 례

머리말

1부

한반도 역사와
전쟁에 대한 이해

○ 오랜 역사를 가진 한반도의 나라들 —————————— 13
○ 우리의 전통 군사전략과 3대첩 승리의 배경 ————————— 17
○ 조선시대 이후 한반도 전쟁에서 나타난 공통 현상 ————— 26
○ 한반도 외침에 대한 오해와 수정할 사항 ————————— 53

2부

역사와 전쟁사의
기억 속에 한국 사람

○ 이순신 장군과 의병 그리고 관군 ——————————————— 64
○ 건장한 신체조건과 뛰어난 인지능력 —————————————— 87
○ 다양한 재능과 열정 그리고 별난 이기심 ———————————— 94
○ 『대한제국 멸망사』(헐버트)에 보여진 대한사람 ——————— 120
○ 해방 후 이념의 혼란과 경제적 성취 —————————————— 127
○ 세계적 경쟁력의 한국 사람과 교육 —————————————— 138

3부

전쟁사에서 보여진
한반도의 지리적 특징

○ '은둔의 나라'로 불린 조선 ……………………………… 147
○ 탁월한 독립성 그리고 교량적 위치 …………………… 151
○ 살기에 좋지만 적응력이 요구되는 기후 …………… 196
○ 한반도의 과거와 현재 그리고 미래 ………………… 208

결언

자신을 알아야 미래가 보인다

후 기

참 고 문 헌

참 고 자 료

1부

한반도 역사와
전쟁에 대한 이해

오랜 역사를 가진 한반도의 나라들

우리의 전통 군사전략과 3대첩 승리의 배경

조선시대 이후 한반도 전쟁에서 나타난 공통 현상

한반도 외침에 대한 오해와 수정할 사항

오랜 역사를 가진
한반도의 나라들

반만년의 역사를 가진 한반도

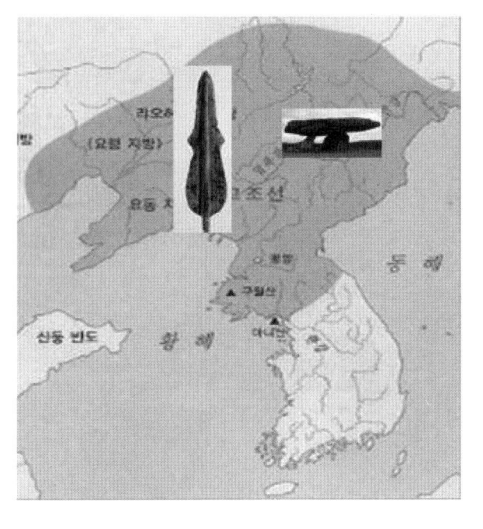

한반도에 뿌리를 둔 나라들은 대부분 오랜 역사를 가지고 있었다.

또한 단군왕검의 고조선 (BC2333)으로 역사가 시작된 이래 나라의 이름은 바뀌었지만 반만년 단일민족의 역사가 계속되고 있다.

한반도에 있었던 나라들은 주변의 나라들에 비해 상대적으로 오랜 역사를 가지고 있었다.

신라의 존속기간은 무려 992년으로 세계사에서 동로마제국(약 1,120여 년) 다음으로 긴 역사였고 백제 678년, 고구려 705년, 고려 474년, 조선 518년… 등도 모두 오랜 기간 동안 왕조가 유지되었고 찬란한 문화를 꽃피웠다.

이는 중국이나 만주에 뿌리를 두었던 주변 나라들의 역사(38~319년)[1]에 비하면 대단히 오랜 기간이었다.

| 중국본토와 만주, 한반도에 근거를 둔 나라들의 존속기간 |

구분	중국본토		만주		한반도	
나라명 / 존속 기간	하·상·주 춘추전국	BC2070~ BC220	고조선(BC2333~BC108) / 한사군(BC108~313) 부여(BC200~494)			
	진·한	BC221~220	고구려	BC37~668 (705년)	백제	BC18~660 (678년)
	위·진·남북조	221~589				
	수	589~628(38년)				
	당	618~907 (289년)	발해	698~926 (228년)	신라	BC57~935 (992년)
	송	960~1279 (319년)	요(거란)	947~1125 (178년)	고려	918~1392 (474년)
			원(몽고)	1206~1368 (162년)		
	명	1368~1644 (276년)			조선	1392~ 1910 (518년)
			청(금)	1616~ 1912(296년)		

---

1   만주나 중국본토를 근거로 했던 나라들은 38년(수나라)~319년(송나라)의 짧은 역사를 갖고 있었다.

신박한 한국 사람과 한반도

조선의 518년 역사 기간 중에 중국과 만주에는 명나라(276년)와 청나라(296년)가 있었고, 고려의 474년 기간 중에 중국과 만주에는 송나라(319년), 거란(178년), 원나라(162년) 등이 있었다. 대륙의 다른 나라들에 비해 한반도의 정세변동은 심하지 않았던 것이다.

동북아시아에서 상대적으로 작은 한반도의 나라들이 어떻게 오랜 역사를 유지할 수 있었을까? 한마디로 쉽게 정의할 수 있는 일은 아니다. 하지만 한반도에 근거를 둔 나라들이 중국이나 만주에 있었던 나라들에 비해 외부의 도전이 상대적으로 많지 않았던 것은 아닌가? 이곳에 살았던 한민족이 도전에 대한 대처를 비교적 잘하였던 것은 아닌가? 하는 등의 추론을 해볼 수 있다.

그렇다면 외부의 도전이 많지 않았던 이유는 무엇이었고 한민족이 대처를 잘한 일은 무엇이었을까? 우리 역사와 전쟁사에는 은둔의 나라 한반도의 지리적 위치와 지형·기후의 특별함 그리고 상대적으로 강력했던 원정군과의 싸움 등에서 한민족이 한반도의 유리점을 잘 이용하였던 점들을 발견할 수 있다.[2]

과거 교통수단이 발달하기 이전의 한반도는 지리적 위치와 지형적인 면에서 외부로부터의 접근이 어려운 지역이었다.

---

2 우리나라의 역사학계에서는 '많은 외침을 받았다'는 말을 정설로 받아들이고 있으나 우리 전쟁사의 기록들은 한반도에 소규모 외침은 많았을지 모르지만 전쟁 규모가 큰 외침은 상대적으로 많지 않았음을 보여준다. 1부 4항 한반도 외침에 대한 오해와 수정할 사항 참조.

한반도는 아시아 대륙의 동쪽 끝에 위치하여 서양과 가장 멀리 있는 지역인 데다 삼면이 바다로 둘러싸이고 대륙과는 만주를 사이에 두고 분리된다. 더욱이 만주는 주변 지역이 대흥안령산맥 등 높은 산악과 고비사막, 시베리아 등으로 막혀있어 중국본토 등 대륙과는 구분되는 지역으로서 유목과 수렵으로 생활하는 척박한 곳이다. 따라서 대륙에서 한반도로 들어오기 위해서는 바다를 건너오거나 척박하고 넓은 만주지역을 횡단하여 들어올 수밖에 없는 점이 있었다.

교통수단이 발달하지 않았던 시대에 한반도에 들어오는 데에는 많은 시간과 노력이 필요하였다.

이러한 지리적 조건에 더하여 과거 우리 선조들은 시대별로 한반도 상황에 적합한 군사전략을 수립하고 주변국의 강력한 원정군을 잘 막아내었다. 우리 역사에는 강력한 외부의 침입을 성공적으로 물리친 3대첩이 있다. 고구려 을지문덕 장군의 살수대첩, 고려 강감찬 장군의 귀주대첩, 조선 이순신 장군의 한산도 대첩이다. 이는 우리의 대표적인 전쟁승리라는 단순한 의미뿐만 아니라 우리의 선조들이 어떻게 나라를 지켜내었고 반만년 역사를 유지하였는지를 보여주는 사건들이다.

우리의 전통 군사전략과
3대첩 승리의 배경

과거 우리의 전통 군사전략[3]은

성에 들어가(청야입보, 清野入保)[4],
상대의 힘을 빼고(수성지구, 守城持久, 이일대노, 以佚待勞)[5],
유리한 지역으로 유인하여 격멸시킨다.(유인격멸, 誘引擊滅)[6]이었다.

이러한 개념으로 싸워 승리한 전쟁이 우리 역사에서 3대첩으로 일컬어지는
살수대첩, 귀주대첩, 한산도대첩이다.

---

3 전쟁기념사업회, 『한민족 역대 전쟁사』, 행림출판, 1992.
4 清野入保(청야입보): 적이 사용하지 못하도록 농작물이나 건물 등 지상에 있는 것들을 말끔히 없애고 보(堡) 안에 들어와 보호를 받음. 정토웅, 『세계전쟁사 다이제스트 100(고구려 수 전쟁)』, 가람기획, 2010.
5 守城持久(수성지구): 성을 지켜 오래 버티어내다. 전쟁기념사업회, 『한민족역대전쟁사』, 행림출판, 1992. 以佚待勞(이일대노): 편안(便安)하게 휴식(休息)을 취(取)하여 전력(戰力)을 비축(備蓄)하고 나서 피로(疲勞)해진 적(敵)을 상대(相對)한다. 신동준, 『무경십서(손자병법)』, 2012, 이하 이일대노(以佚待勞)로 사용.
6 誘引擊滅(유인격멸): 꾀어내어 전쟁이나 전투 따위로 적을 없앰., 「표준국어대사전」.

한반도에서 있었던 전쟁들을 보면 시대별로 상대가 달랐고 지리적 상황에 대한 유·불리점도 각기 달랐다. 이는 교통수단과 무기의 발달과 관련이 있다.

교통수단이 발달하지 않았던 시대에 한반도와 외부와의 사이에 있었던 전쟁은 한반도의 지리적 위치와 교통수단의 제한으로 인해 아래 표와 같이 중국본토, 만주, 일본과 한반도 사이의 제한된 지역 국가 간의 대결 양상이었다.

| 고려시대 이전의 전쟁 |

고조선-삼국시대		고려시대
고조선과 연·한과의 전쟁 고구려와 선비, 위와의 전쟁 1~3차 대한 전쟁 1~3차 대연 전쟁 한사군 축출 전쟁	부여와 연의 전쟁 수·당의 침공 나·당 전쟁 발해와 당의 전쟁	거란의 3차 침입 몽고의 6차 침입 여진 정벌, 거란 토벌 홍건적 토벌 왜구 토벌

이 시대의 한반도에 있었던 나라들은 원거리를 이동해 오는 강력한 원정군의 약점(보급 제한, 전투력 유지의 어려움 등)을 고려하여 한반도 지형과 기후의 장애를 최대한 이용하여 힘을 약화시킨 후에 유리한 때와 장소에서 싸우고자 하는 전쟁을 수행하였다.

이러한 개념이 바로 '청야입보(清野入保), 수성지구 이일대노(守城持久以佚待勞), 유인격멸(誘引擊滅)'이라는 군사전략이다.

고대 한반도의 군사전략은

성에 들어가

(청야입보, 淸野入保)

편안하게
상대가 지치기를
기다린다.

상대의 힘을 빼고

(수성지구 이일대노, 守城持久 以佚待勞)

"그대의 신기한 작전은 하늘의 이
치를 알았고 오묘한 계획은 땅의 이
치를 깨달았구려, 전쟁에 이겨서
그 공이 이미 크니 만족한 줄 알고
전쟁을 멈추는 것이 어떠하오."

– 을지문덕 –

유리한 지역으로
유인하여
격멸시킨다.

(유인격멸, 誘引擊滅)

≡ 살수대첩(출처: 전쟁기념관)

≡ 귀주대첩(출처: 전쟁기념관)

≡ 한산도대첩(출처: 전쟁기념관)

신박한 한국 사람과 한반도

이러한 개념은 교통이 발달하지 않고 칼이나 창 등을 사용하는 시대에 원거리에서 오는 강한 적을 상대함에 있어 한반도로 오는 경로상의 횡적산맥 및 하천과 변화가 심한 기후, 산성을 이용하여 상대 군사들을 최대한 피로하게 하고 약화시킨 후에 유리한 시간과 장소에서 싸우고자 하였던 개념이었다.

이러한 군사전략으로 크게 승리한 전투로 3대첩[7]이 있다. 바로 고구려 을지문덕 장군의 살수대첩, 고려 강감찬 장군의 귀주대첩, 조선 이순신 장군의 한산도대첩이다.

중국, 북방과의 전쟁이었던 살수대첩이나 귀주대첩의 기록은 잘 전해지지 않아 전황의 상세한 내용을 알 수 없다는 한계가 있다. 하지만 전해지는 내용만으로도 3대첩의 승리에는 공통점이 있음을 발견할 수 있다. 바로 유인격멸이라는 개념을 사용하였다는 점이다.

고구려의 을지문덕 장군은 평양으로 공격해오는 수나라 군을 유인하면서 약화시키고 보급문제 등으로 철수하는 수나라 30만 대군을 살수(청천강)에서 궤멸시켰다.

고려의 강감찬 장군은 개성으로 공격해오는 거란군을 유인하면서 약화시킨 후에 철수하는 거란 10만 대군을 흥화진과 귀주에서 하천과 바람을 이용하여 크게 승리하였다.

---

7 '대첩'이라 함은 '크게 승리한 전쟁'을 말한다. 「국어사전」.

조선의 이순신 장군은 와키자카의 일본 수군 함선 74척을 조선 수군이 싸우기에 유리한 남해안의 한산섬 앞바다로 유인하여 대승을 거두었다.

승리의 장군들은 시대와 장소는 달랐으나 상대를 유인하면서 지형을 이용하여 피로하게하고 약화된 적을 아군이 싸우기 유리한 지역에서 격멸한다는 비슷한 개념으로 싸움을 하고 승리하였던 공통점이 있다.

적이 편히 쉬고 있으면 피로하게 만들고(敵佚能勞之),
배불리 먹고 있으면 굶주리게 만들며(飽能飢之),
안정된 곳에 있으면 동요하게 만든다.(安能動之)
- 『손자병법』 제6편 「허실(虛實)」 -

이들은 왜 이러한 전략을 사용하였을까?

이는 창이나 칼 등 힘이 필요한 무기를 사용하는 시대에 상대적으로 부족한 군사력을 가지고 있었던 한반도의 장군들이

주변국의 강력한 원정군이 한반도로 들어올 때 만주라는 길고 먼 척박한 땅과 넓은 바다를 건너야 하고 한반도 북부의 높은 산악지대와 기후의 변화를 극복하면서 발생하게 되는 상대의 약점을 인식한 가운데 한반도의 지형적 기후적 특징이 갖고 있는 유리점을 충

분히 이해하였기 때문이었다.

유인격멸전략은 당시 아군 군사력의 한계와 적 군대의 능력과 취약점 그리고 한반도의 시간적 공간적 장애의 유리점을 고려한 가장 효과적인 방법이었다. 이는 오랜 역사 동안 나라를 지키는 데 적용했던 유용한 군사전략이었다.

그들은 적의 약점이 무엇인지, 아군의 강점이 무엇인지를 정확히 알고 거기에 적합한 싸우는 방법과 무기를 개발하여 사용하였다.

을지문덕이나 강감찬 장군이 멀리서 오는 원정군의 약점 즉 '장거리 행군의 피로문제나 보급의 어려움' 등을 고려하여 지형을 이용하여 '힘을 빼는 데 목표'를 두고 싸우고자 하였던 것이나 이순신 장군이 '속도는 빠르지만 선체가 약한' 일본군 배의 약점을 보고 포를 이용하여 '적선을 파괴하는 데 목표'를 두고 싸우고자 한 개념은 모두 적의 약점을 정확히 간파하고 아군의 강점을 이용하고자 하였던 개념이었다.

또한 이들은 천시와 지리를 철저히 분석하여 유리한 시간과 장소에서 싸우고자 하였다.

을지문덕이나 강감찬 장군이 한반도의 횡적하천과 횡적산맥 등 지형과 산성을 이용하여 적을 내륙 깊숙이 유인하여 피로하게 하고 힘을 뺀 후에 유리한 하천이나 바람을 이용하여 싸워 승리한 것이나 이순신 장군이 상대적으로 불리한 넓은 바다를 피하고 조선의 함선들이 싸우기에 유리한 연안의 섬과 시간마다 바뀌는 조류를 이용하여 싸워 승리한 것은 모두가 상대적으로 유리한 상황에서 싸우고자 한 공통점이 있다.

> 적을 잘 다루는 자가(善動敵者)
> 짐짓 불리한 척 적을 유인하면 적은 반드시 따라오게 되고(形之, 敵必從也)
> 이로움을 주는 척하면 적은 이를 취하려 들게 된다.(予之, 敵必取之)
> — 『손자병법』 5편 「병세」 —

이와 같은 유인격멸전략은 현대적인 개념에서 볼 때 지나치게 수세적인 전략이 아니었는가? 라는 아쉬움이 담긴 의견도 있다.

하지만 상대적 열세였고 교통이 발달하지 않았던 당시의 시대 상황에 맞추어 피아의 강·약점과 한반도의 지리적 유리점을 인식한 최선의 전략으로서 반만년 역사의 나라를 지키는 중요한 개념이었다.

> 적을 이길 수 없을 때는 수비해야 하고(不可勝者 守也)
> 적을 이길 수 있을 때는 공격해야 한다.(可勝者 攻也)
> — 『손자병법』 4편 「군형」 —

이는 손자병법의 "지피지기(知彼知己)면 백전불태(百戰不殆)요 지지지천(知地知天)이면 승내가전(勝乃可全)"이라는 승리를 위한 개념의 적용이기도 하고 현대전인 6·25전쟁 시에 있었던 '지연작전과 인천상륙작전'의 성공개념과 유사한 내용이기도 하다.

　3대첩의 승리는 한반도의 특징이나 적과 아군에 대해 충분히 이해한 유능한 장군들이 '지피지기(知彼知己)'하고 '지지지천(知地知天)' 함으로써 가능한 일이었다.

　첨단기술에 의한 교통과 무기가 발달한 현대에 이러한 군사전략을 그대로 적용하는 데는 다소의 무리가 있다. 하지만 과거 우리 선조들이 그 시대에 상대와 우리의 어떤 강·약점과 유·불리점을 활용하였는지 알아보는 것은 오늘날의 한국 사람과 한반도의 특성을 이해하는 면에서 미래 전쟁에 주는 교훈이 있다.

장수가 갖추어야 할 요건
지(智), 신(信), 인(仁), 용(勇), 엄(嚴)

- 『손자병법』 1편 「시계(始計)」 -

※ 오자병법을 쓴 오기는 전문성(智)을 가장 중요시 여겼다.

조선시대 이후 한반도 전쟁에서 나타난 공통 현상

조선시대 이후 교통수단이 발달하면서 일어난 아래의 임진왜란, 병자호란, 청·일 전쟁, 러·일 전쟁, 6·25전쟁은 일어난 시대와 상황은 달랐지만 몇 가지 공통적인 현상이 있다.

임진왜란(1592~1598)은
조선건국(1392) 이후 200년 만에 일어난 전쟁으로 일본을 통일한 도요토미 히데요시가 1592년에 명나라를 공격하겠다는 야망을 가지고 조선에 정명가도(征明街道)를 요구하면서 일으킨 전쟁이다.

병자호란(1636)은
임진왜란 후 38년 만에 일어난 전쟁으로 청나라가 조선에 군신관계를 강요하면서 일으킨 전쟁이다.

청일전쟁(1894~1895)과 러일전쟁(1904~1905)은
조선 말기에 청나라와 일본, 러시아가 한반도에 대한 이권을 차지하기 위해 한반도와 그 주변에서 벌인 전쟁이다.

6·25전쟁(1950)은
해방 후 북한이 한반도를 공산화하기 위해 일으킨 전쟁이었다.

신박한 한국 사람과 한반도

첫째, 전쟁 이전부터 침략의 징후가 농후하였으나
나라를 지킬 준비가 잘되지 않았다.

임진왜란 9년 전!

병조판서 율곡 이이가 10만
양병론을 주장하였을 때 유
성룡 등 동인은 "백성을 불안
하게 하지 말라." "군대를 키
우는 것은 호랑이를 키우는
것과 같다."며 반대하였다.

임진왜란 3년 전!

통신사로 일본에 갔던 서인 황윤길과 동인 김성일이 귀국해서는
'전쟁이 일어날지 말지에 대한 논란과 갑론을박'으로 국론을 통일시
키지 못하고 시간만 보냈다.

그래도 걱정이 된 조정에서 '성곽을 보수하고 준비하자.'고 하자 전
쟁이 얼마나 무서운 것인지 이해하지 못했던 백성들은 "먹고살기에
바쁜데 무슨 전쟁 준비냐."고 들고 일어났다.

손자는 "적을 알고 나를 알면 백번 싸워도 위태롭지 않다."고 하였는데 당시 지도부와 백성들은 전쟁이 얼마나 무서운 것인지? 상대가 전쟁을 일으킬 것인지? 자신들의 군대는 백성의 안전과 나라를 지킬 수 있는지? 잘 알지 못했다.

조선은 이미 전쟁 전부터 위태로운 상태였다.

❖ 조선의 임진왜란 대비 부실의 배경 ❖

[네이버 지식백과] 임진왜란, 『한국민족문화대백과』, 한국학중앙연구원 인용

'조선이 임진왜란을 당하여 전쟁 초기 이를 감당하기 어려울 정도로 국력이 쇠약해진 것은 왜란이 일어난 선조 대에 이르러서 비롯된 것은 아니었다. 이미 훨씬 이전부터 중쇠(中衰)의 기운이 나타나기 시작하였다.'

'정치적으로는 연산군 이후 명종 대에 이르는 4대 사화(四大士禍)와 훈구(勳舊)·사림(士林) 세력 간에 계속된 정쟁으로 인한 중앙 정계의 혼란, 사림 세력이 득세한 선조 즉위 이후 격화된 당쟁 등으로 정치의 정상적인 운영을 수행하기 어려운 지경이었다. 군사적으로도 조선 초기에 설치된 국방 체제가 붕괴되어 외침에 대비하기 위한 방책으로 군국기무를 장악하는 비변사라는 합의 기관을 설치했으나, 이것 또한 정상적인 기능을 발휘하지 못하였다.'

'이이(李珥)는 남왜북호(南倭北胡)의 침입에 대처하기 위하여 십만양병설(十萬養兵說)을 주장하기도 하였다. 그러나 국가 재정의 허약으로 뜻을 이루지 못하고, 사회는 점점 해이해지고 문약(文弱)에 빠져 근본적인 국가 방책이 확립되지 못한 실정이었다…'

'서인의 정사 황윤길은 일본이 많은 병선(兵船)을 준비하고 있어 반드시 병화가 있을 것이며, 도요토미는 안광이 빛나고 담략이 있어 보인다고 보고하였다. 이에 반하여, 동인의 부사 김성일은 침입할 정형을 발견하지 못했으며, 도요토미는 사람됨이 서목(鼠目)이라 두려워할 것이 없다 하였다. 이때 서장관 허성은 동인이었으나 정사와 의견을 같이했고, 김성일을 수행했던 황진(黃進)도 분노를 참지 못하여 부사의 무망(誣罔)을 책했다고 한다…'

'요행을 바라던 조정은 반신반의하면서도 결국은 김성일의 의견을 좇아 각 도에 명하여 성을 쌓는 등 방비를 서두르던 것마저 중지시켰다.'

병자호란 때에는 북방 여진족이 후금을 세우고 청나라로 이름을 바꾸고 군신지맹을 요구하는 등 전쟁의 위험성이 커졌으나 조선의 지도층은 친명배청 정책 등 안이한 외교적 대응에 치중하면서 훈련이나 전쟁 대비를 소홀히 하였다.

정묘호란 시 안주성 전투의 남이흥 장군은 패하여 자폭하면서 '조정에서 나로 하여금 마음대로 군사를 훈련하고 기를 수 없게 했는데, 강한 적을 대적하게 되었으니 죽는 것은 내 직책이나, 다만 그것이 한이로다.'라며 훈련 한번 못해보고 전쟁을 당하였음을 한탄하였다.

왜 그랬을까?

전쟁 준비에 대한 전문성이 부족한 사람들이었기 때문으로 보인다. 조선의 지도층은 외교적 대응만을 말하였고 군사적 준비를 어떻게 해야 하는지에 대해서는 잘 알지 못하였던 것이다.

이는 주변국이 군사적으로 강한 나라였음에도 태평성세에 취해 소규모의 경군(수도방위군)과 지방에는 병농일치의 쓸 수 없을 정도의 지방군(예비군 성격)을 갖고 있었고 군사전문가가 필요한 병마절도사와 같은 중요 직위에 행정가인 문신 관찰사와 겸직으로 기용하였으며 각종 병서는 중국의 병서를 옮겨 사용하는 수준이었고 훈련은 소홀히 여겨졌기 때문이었다.

19세기 말에는 청, 일본, 러시아가 조선의 이권을 차지하기 위해 1894년 청나라와 일본이 청·일 전쟁을 벌이고, 1904년 러시아와 일본이 러·일 전쟁을 벌였을 때 조선과 대한제국은 중립을 선언하며 싸움을 지켜보았다.

대한제국이 열강의 간섭에서 벗어나고 발전된 문물을 받아들이기 위해 신식군대도 만들고 나름 노력은 하였다지만 오랜 태평성세에 사익과 편의 중심, 문신 중심의 국가운영으로 전쟁 준비를 지도할 수 있는 지도층은 없었고 전문성 있는 장군은 부족했으며 군사력 양성과 훈련을 소홀히 하여 스스로를 지킬 수 있는 군사적 노하우나 군사력도 갖추지 못하였다.

우리 땅을 전쟁터로 내주고 무기력하게 처분만 바라보았다.

이는 병자호란 이후 260여 년의 오랜 태평성세에 나라를 지킬 수 있는 역량과 한반도에 적합한 안보 관련 노하우 축적을 소홀히 한 결과였다.

결국 한반도를 차지하기 위한 열강의 각축전에서 승리한 일본에 나라를 빼앗기게 되었다.

일제 식민지 35년은 조선의 부족했던 군사 노하우 마저 완전히 말살되는 기간이었다. 1907년 군대 해산과 1909년 남한대토벌작전으로 미약한 의병마저 소탕된 이후에 조선의 군사에 관한 업무는 일본으로 완전히 넘어갔다.

해방 후 조선에는 군사에 관한 역량과 노하우가 아무것도 남아 있지 않게 되었다.

소수의 임시정부 광복군, 독립군, 일본군 및 만주군 출신 등이 있었다지만 그 역량이 나라의 군대를 만들 만하지 않았다. 따라서 해방 후 창군은 미·소의 정책과 지원에 절대적으로 의존할 수밖에 없는 상황이었다.

해방 후 5년 만에 일어난 6·25전쟁 때에는 1949년부터 전선에서 전투가 벌어지고 전쟁의 징후가 농후해졌으나 일반상선의 선장 출신 국방장관, 병기장교 출신 젊은 총참모장은 북한군이 얼마나 강력한지? 국군이 얼마나 미약한 군대인지? 깨닫지 못한 채 명령이 있으면 "점심은 평양에서 먹고 저녁은 신의주에서 먹는다."고 정치적 호언장담만 일삼고 전쟁에 대비하여 어떻게 준비할 것인지 아무런 전략도 정책도 갖지 못하였다.

이는 시대와 상황은 달랐지만 바로 지피지기(知彼知己)하지 못한 문제였고 전문성 부족 문제였다.

상대가 어떠한 의도와 군사력을 갖고 있는지? 자신의 군대는 나라를 지킬 수 있는 역량을 갖추었는지? 등에 대해 알아야 하는데 그러한 것을 알지 못한 채 안일하게 대비하였고 나라는 위태롭게 되었던 것이다.

평화를 원하거든 전쟁에 대비하라.
(Si Vis Pacem, Para Bellum)

- 로마의 전략가 베제티우스 -

둘째, 전쟁이 시작되자 불과 며칠 만에
수도를 내주었고 전 국토가 전쟁터가 되었다.

임진왜란 시에는 20일 만에 한양성을 빼앗겼고 병자호란 시에는 4일 만에 한양을 내주었으며 청·일 전쟁, 러·일 전쟁 시에는 한반도가 주변국의 전쟁터가 되었다. 또한 6·25전쟁 시에도 3일 만에 서울을 빼앗겼다.

약소민족이었기 때문이었을까?

영국은 19세기 해가 지지 않는 나라, 독일은 2차 세계대전을 일으켰던 나라였고 지금도 세계 4~5위의 경제력을 갖고 있다.

오늘날 우리나라의 인구는 영국, 프랑스, 독일과 비슷한 규모이고 경제력은 세계 10위권이다. 과거나 지금이나 우리가 작은 나라이거나 약소민족은 아닌 것이다. 단지 스스로 지킬 힘을 키우지 못했다는 점과 주변에 강대국이 있다는 점이 위협될 뿐이었다.

아니면 지정학적 숙명 때문이었을까?

교량적 위치는 주변국의 관심지역으로서 스스로 지킬 힘이 없을 때는 주변의 강한 나라에 휘둘릴 수 있다는 불리점이 있다. 하지만 지킬 힘과 의지가 있을 때는 그들의 관심을 우리에게 유리하게 이용할 수 있고 대륙이나 해양으로 진출하기 유리한 곳이다. 교량적 위치라는 지정학적 특징에 불리함만 있는 것은 아니다.

지도층은 무엇을 하였으며 군인들은 다 무엇을 하였을까?

조선은 병조판서, 도원수, 병마절도사와 같은 전시에 전쟁을 지도해야 할 중요 직책에 전쟁에 대한 전문성이 없는 문신을 기용하여 전·평시 업무를 병행토록 하였다.

평시에는 무엇이든 잘할 것 같았던 전쟁지도부는 임진왜란이 일어났을 때 전쟁을 어떻게 지도해야 할지 몰랐고 장군들은 어떻게 해야 싸워 이길 수 있는지? 그 수행방법을 잘 알지 못하였던 것으로 보인다.

부산진의 정발, 동래성의 송상현, 탄금대의 신립 장군 등의 관군들이 목숨을 바쳐 싸웠지만 한양성을 20일 만에 빼앗기고 왜군을 막아낼 수 없었던 것은 전쟁을 이끌어간 지도층과 장군의 전문성 부족과 평시 훈련 부족 문제이기도 하였다.

병자호란 때는 '싸울 것인가? 항복할 것인가?'를 놓고 탁상공론하면서 군인들에게 나가서 싸우라 하였으나 '어떻게 싸워 승리할 것인지?'를 지도할 수 있는 전쟁지도부나 전쟁을 이끌어 갈 장군도 없었고 훈련되지 않은 애꿎은 말단 군사들만 목숨을 잃을 수밖에 없었다. 그 결과는 4일 만에 한양을 빼앗기고 남한산성에서 47일간의 전투를 하였으나 삼배구고두의 치욕을 겪을 수밖에 없었다.

조선시대 관군은 평화의 시기가 계속되면서 그 기능이 무력화되었다. 특히 지방군은 껍데기밖에 없는 군대였다.

나라에 변란이 발생하면 지방의 병마절도사나 관찰사는 의병을 모집하여 나라를 지키는 일에 사용하였는데 병마절도사는 군사에 대한 전문성이 부족한 관찰사가 겸임하였고 의병은 농사를 짓는 훈련되지 않은 사람들이었다.

전쟁에 숙달된 일본 무사(사무라이)나 청나라 기병들에게 속수무책이었다.

6·25전쟁 시에 국방장관은 선장 출신, 참모총장은 병기장교 출신 35세의 젊은 장군으로 전쟁을 끌어갈 전문성이 없었다. 3일 만에 서울을 잃고 낙동강 전선으로 밀려갈 수밖에는 없었다.

전쟁 발발 5일 만에 육해공군 총사령관이 경질되고 군의 지휘권이 맥아더 장군에게 넘어간 것이나 의정부, 현리, 사창리 전투의 참패는 바로 전쟁지도부와 젊은 장군들의 전문성 부족 문제를 단적으로 드러낸 사건이었다.

일제치하 35년은 전쟁 노하우의 단절을 가져왔다. 특히 정치, 외교, 군사 분야는 철저히 말살되었으므로 해방 직후, 해방공간에는 나라를 지킬 군사력이나 군사에 관한 노하우, 전문성 있는 군인 등은 아무도 남아 있지 않은 상태였다.

❖ 해방 후 미 군정청 운영 ❖

국방부군사편찬연구소, 『6·25전쟁사(제1권)』, p. 338, 인용

'1945년 9월 7일 미 태평양 육군사령부 포고 제1호에 따라 남한에 대한 통치권을 행사하게 되었다. 최초 미 군정청은 조선총독부의 조직과 인원을 그대로 활용하여 남한을 통치하였다.'

'그러나 조선총독부 조직에는 군사를 담당하는 부서가 없었다. 이는 일본이 조선총독부에 주조선 일본군에 대한 통제권을 주지 않고, 대본영(大本營)에서 직접지휘 감독하였기 때문에 군사기능을 담당할 군무국(軍務局)이 별도로 존재하지 않았다.'

'따라서 군정 초기 조선총독부의 행정조직과 인원을 그대로 인수하여 활용하였던 미 군정청은 국방기능을 담당할 군사기구를 다른 부서보다 늦게 편성되었다.'

❖ 6·25전쟁 시 군 지도부의 실태 ❖

국방부군사편찬연구소, 『6·25전쟁사(제1권)』, pp633~684 인용

'1949년 3월 21일에 영국 선장(船長)출신의 신○모(申○模) 장관이 임명되었다. 신○모 장관은 비록 중군 해군사관학교를 졸업하고 해군 소위로 근무한 적이 있으나, 군대에 오래 있지 않고, 바로 영국으로 건너가 광복될 때까지 상선 선장으로 주로 해양 활동을 하였기 때문에 군대에 대한 경험이나 군사지식이 부족하였다. 전쟁 발발 1개월 전인 1950년 5월 17일에 국방차관으로 임명된 장○근(張○根)도 법조인으로 활동하였기 때문에 군대 경험이 전무하였다…(633쪽)'

'6·25전쟁 당시 한국 육군의 상층부를 구성하는 고급 장교들은 대부분 미 군정하의 군사영어학교 출신이거나 정부 수립 이후 특별 임관 형식을 거쳐 임관한 일본군·광복군·중국군 출신의 군사경력자들이었다. 이들 군사경력자들은 대부분이 전투지휘관으로서의 경험을 갖고 있지 않았다. 중국군 소장 출신인 김○일(金○壹) 장군과 일본군 대좌(大佐) 출신인 김○원(金○源) 장군이 대대장 이상 전투 지휘관을 역임하였다…'

| 6·25전쟁 당시 각 군 총참모장/해병대 사령관(635쪽) |

구분	계급	성명	연령	보직일	재직기간
육군총참모장	소장	채○덕(蔡○德)	35세	1950. 4.	2개월
해군총참모장	소장	손○일(孫○一)	42세	1948. 9.	21개월
공군총참모장	준장	김○렬(金○烈)	33세	1949. 10.	9개월
해병대사령관	대령	신○준(申○俊)	35세	1949. 2.	17개월

| 전쟁 당시 육군 사단장 및 제17연대장(1950. 6. 25)(684쪽) |

구 분	계급	성 명	연령	보직일	재직기간
수도경비사령관	대령	이○찬(李○贊)	34세	1950. 6.	10일
제1사단장	대령	백○엽(白○燁)	30세	1950. 4.	2개월
제2사단장	준장	이○근(李○根)	30세	1950. 6.	15일
제3사단장	대령	유○열(劉○烈)	59세	1950. 3.	3개월
제5사단장	소장	이○준(李○俊)	60세	1950. 4.	2개월
제6사단장	대령	김○오(金○五)	29세	1950. 6.	15일
제7사단장	준장	유○흥(劉○興)	29세	1950. 6.	18일
제8사단장	대령	이○가(李○佳)	28세	1950. 6.	2일
제17연대장	대령	백○엽(白○燁)	27세	1948.11	19개월

※ 많은 경험과 역량이 요구되는 사단장급 이상 지휘관들의 대부분이 20~30대의 젊은 이들로서 중대급 정도의 지휘경험밖에 없는 전문성이 부족한 장교들이었다.

신박한 한국 사람과 한반도

이순신과 같은
백전백승할 수 있는 장군이
몇 사람만 있었다면

이러한 참상을 겪지 않을 수 있었을 텐데…
안타까운 일이었다.

용병에 뛰어난 장수는(故善用兵者)

군사를 온전히 준비하여 천하의 승부를 다투는 까닭에
병력을 전혀 손상시키지 않고도 승리할 수 있다.
(必以全爭於天下, 故兵不頓而利可全)

- 『손자병법』 3편 「모공(謀攻)」 -

셋째, 외세가 들어와
우리 땅에서 전쟁을 벌였다.

스스로 지킬 준비를 하지 않고 전쟁 준비를 위한 희생을 하고 싶지 않았던 우리의 지도층들은 나라를 빼앗길 위험에 외세의 도움으로 문제를 해결하고자 하였다.

다행히도 지정학적으로 이해관계가 있었던 주변국의 도움을 받을 수는 있었다.

청·일 전쟁 풍자화 (프랑스 종군화가 조르주 비고)

(출처: 전쟁기념관)

하지만 나라를 지키는 일을 외세에 기대었던 결과는 참담하였다.

명나라의 도움을 받았던 임진왜란이나 국제전이 된 6·25전쟁은 각국의 이해관계에 따라 협상이 수년에 걸쳐 장기화되었다. 우리의 이해와 관계없이 진행된 장기협상과 전쟁은 우리의 국토를 무참히 파괴하게 하였고 우리의 많은 젊은이들을 희생시켰다.

또한 한반도에서 벌인 청·일 전쟁과 러·일 전쟁에서 승리한 일본에 나라를 빼앗겨 버렸다.

'중립을 선언하면 되겠지…'라는 안이한 생각과 자기 집을 지키는 일, 내 아내와 아들딸 지키는 일을 이웃집 도둑놈에게 맡긴 것과 같은 어이없는 대책의 결과였던 것이다.

조선은 나라를 지키는 일에 대한 장애를 갖고 있던 나라였다.

(출처: 전쟁기념관)

중국, 러시아, 일본은 한반도에 인접해 있는 나라들로서 고조선, 삼국시대, 고려, 조선에 이르기까지 역사적으로 한반도에 대한 이권과 영토야욕을 갖고 있었던 나라들이었다.

중국은 고조선지역 한사군 설치, 고구려 안동 도호부, 신라 계림 도독부 등 영토야욕을 지속적으로 가지고 있었고 러시아는 한반도에 부동항을 갖겠다는 욕심이 있었다. 일본은 삼국시대 임나일본부 설, 임진왜란 강화조약 시 조선 남부 4개도 할양 등 역사적으로 한반도 남부에 욕심을 냈던 나라였다.

19세기 말의 청·일 전쟁, 러·일 전쟁과 한일합방은 주변국의 한반도에 대한 이권과 영토야욕에 따른 투쟁의 결과였다.

이에 비해 6·25전쟁 시의 미군이나 유엔군은 대부분 지구 정반대 편의 서구 유럽에서 온 군대들로서 대부분이 자유민주주의 가치를 가진 잘사는 나라의 군대들이었다.

2차 세계대전 후 국제평화를 위한 목적으로 창설된 유엔은 2차 세계대전 종전 5년 만에 한반도에서 전쟁이 일어나자 국제평화와 유지를 위해 한국에 대한 군사원조를 결의하였다. 이들의 참전은 국제평화 수호라는 명분 외에 참전국들의 국위를 선양하고 국익을 위한 목적 등이 있었겠지만 19세기 외세와 달리 이 땅에 대한 영토 욕심은 없는 나라들이었다.

우리는 그들의 도움으로 자유를 지키고 그 이념으로 전쟁의 폐허를 복구하고 오늘날 번영하고 잘살게 되었다.

> 먼 나라와 친하고 가까운 나라는 쳐서 멀리 한다.(遠交近攻)
>
> - 『전국책(戰國策)』 -
>
> ※ 중국 전국시대 범저가 진왕에게 진언한 외교정책

넷째, 전쟁 때마다 전 국토가 파괴되고
수많은 사람들이 죽고 다치는 엄청난 피해를 입었다

≡ 파괴된 중앙청(출처: 전쟁기념관)

임진왜란 때는 7년여의 오랜 전쟁으로 전 국토가 황폐화되었다. 수많은 사람들이 죽었으며 도공들은 일본으로 끌려갔고 조선 백성 수만여 명의 코와 귀가 일본 교토에 귀 무덤으로 만들어졌다.

병자호란 때는 삼배구고두의 치욕과 조선 백성 50만여 명이 청나라로 끌려가고 환향녀라는 종군위안부가 있었다.

6·25전쟁 때는 전 국토의 40%가 파괴되고 180만여 명의 군인 경찰, 민간인들이 죽거나 다쳤으며 전쟁미망인 30만 명, 전쟁고아도 10만 명이나 있었다.

전쟁에 준비되지 않았던 나라의 전쟁지도부와 장군들, 안보의식이 부족했던 백성들이 제 역할을 다하지 못하고 더욱이 외세까지 끌어들임으로써 전쟁은 장기화되고 나라는 초토화되었으며 수많은 젊은 군인들과 민간인이 죽거나 다쳤다. 전쟁터에서 살아남은 피난민, 미망인, 고아 등도 말로 할 수 없는 고난을 당하였다.

6·25전쟁 후 맥아더는 "이 나라가 복구되는 데는 100년도 더 걸릴 것이다."라고 하였다. 엄청나게 많이 파괴되고 많은 사람들이 희생되었기 때문이었다.

이러한 파괴와 희생이 일어났던 전쟁터에서 살아가는 국민, 피난민들의 삶은 너무나 참담하였다.

스스로 지킬 준비되지 않은 나라에 전쟁이 일어나면 어떠한 참상이 벌어지는지 알아야 하는 이유가 바로 여기에 있다.

전쟁은 국가의 중대사로(兵者, 國之大事)
백성의 생사 및 국가의 존망과 직결되므로(死生之地, 存亡之道)
깊이 생각지 않을 수 없다.(不可不察也)
- 『손자병법』 1편 「시계(始計)」 -

❖ 6 · 25전쟁 피난민 증언 ❖

신동흔 외, 『한국전쟁이야기 집성 10』, 박이정, 2017 인용

1. 피난을 가게 된 이유

'우리는 죽어도 괜찮으니까 너희 3형제는 내려가서 잘 살아라 했어… 너 피난 안 갔지? 의용군에 관여했잖아? 얼매나 맞았든지 피난 안 간게 죄였어…'

'인민군이 서울로 들어와 학생들 학교로 등교하라 하고 의용군에 전부 나가야 한다는 거야… 인민군에 안 들어가려고 겨우 빠져나왔어.'

2. 고난의 피난길

'11월 초에 대동강을 건너고 크리스마스 때 얼은 임진강을 건넜어.' '서부전선으로 왔는데 삼팔선에서 시커먼 사람들에게 이북에서 나온 빨갱이 새끼들이라고 많이 맞기도 했어…'

'1.4후퇴 시 청주 가는 피난길, 홍천 산마치 고개 눈 쌓인 곳에서 많은 사람들이 죽어있는 모습을 보았어…' '밤에 걷다 보면 죽은 사람 머리나 배를 밟기도 했어…'

'난리 통에 남편과 헤어지고 애 둘 데리고 피난 가다가 둘 다 죽었어, 추운데 자고 병들리니 뭐 약이 있어야 살지, 홍역 걸려서 젖먹다가 죽고… 등에 업고 가다 죽고…'

3. 피난지에서의 생활

'미군들이 동네에 들어와 먹다 남은 음식 쓰레기를 개울에 갖다버리면 그걸 퍼다가 끓여서 먹었어, 그걸 꿀꿀이죽이라고 했지…'

다섯째, 전쟁 중에도
당파싸움과 내부분열이 계속되었다.

임진왜란 때는 서인과 동인으로 당파를 지어 논란만 벌이다 대비 없이 전쟁을 당했고 병자호란 때는 호조판서 김상헌과 이조판서 최명길이 싸울 것인가? 항복할 것인가?로 탁상공론만을 벌이다가 결국 삼배구고두의 치욕을 겪었다.

19세기 말 조선은 개인이나 가문을 우선시하여 관직을 사고팔면서 사적 치부에 권력을 악용하였다. 구한말 일반 민중의 저항에 직면하게 되자 외세를 끌어들이고 대원군과 명성황후의 권력다툼 그리고 친청파, 친일파, 친러파의 싸움이 결국 나라를 멸망의 길로 이끌었다.

6·25전쟁 중에도 좌우로 갈려 국론을 통일시키지 못하고 자신들의 정치적 이익을 위한 당파싸움은 계속되었다.

어떤 이들은 파벌이 나라를 위한 것이었다고 좋게 평가하기도 한다. 과연 이들의 정쟁이 나라를 위한 일이었을까? 자신을 위한 일이었을까?

아놀드 토인비는 "국가의 멸망은 외부가 아니라 내부의 분열로 시작된다."고 하였다.

우리 역사에서도 조선뿐만 아니라 고조선이나 고구려, 백제의 멸
망, 통일신라의 멸망, 조선의 멸망 등이 모두 내부분열로 인한 것이
었음을 알 수 있다.

전쟁은 국가의 존망에 관한 분야로서 국가의 총력을 기울여야 하
는데 당파싸움과 분열이 힘을 모으지 못하도록 작동하였기 때문이다.

❖ 조선의 붕당정치(朋黨政治)와 세도정치(勢道政治) ❖

네이버 지식백과, 붕당정치, 세도정치, 『한국민족문화대백과』, 한국학중앙연구
원 인용

'조선시대의 왕정은 당초 중앙집권 관료제로 운영되었으나 15세기 말엽부터
훈구파로 불리는 기성 관료 집단을 비판하는 사림파(士林派)가 대두했다. 이
후… 붕당이 발생해 항구적인 당쟁이 시작되었다….'

'16세기에 들어와 4차례나 사화(士禍)가 일어난 것은 사림 세력의 이러한 도
전에 위협을 느낀 훈구 세력이 정치적 보복을 가했기 때문이었다….' '17세기
말… 붕당간의 공존 의식이 무너지면서… 정쟁이 격렬해지는 양상을 보였다.
정쟁이 격렬해질수록 정탐이나 역모 조작 그리고 사사(賜死)와 같은 적극적인
보복 행위 등 파행적인 정치 현상이 잇따랐다.'

'조선왕조의 정치가 17세기 말, 18세기 초에 이르면서 이처럼 크게 동요한 데
는… 경제적 변동과 무관하지 않았다. 상공업을 중심으로 하는 경제적 변동
은… 도시화를 수반하면서 가속화되었다.' '이와 같은 경제변동 속에 새로운
재부 획득의 기회를 둘러싼 이해관계가… 개인이나 가문의 입장을 우선하는
성향이 두드러지고…'

'19세기 초 중반에 계속된 세도정치는… 왕실과의 외척 관계를 권력 기반 확
보 내지 유지의 수단으로 삼았다.'

'이들은 탕평 군주들이 추구한 소민 보호 정치를 버리고 사적 치부에 모든 권
력 장치를 악용했기 때문에 일반민으로부터 마침내 광범한 저항을 받게 되었
다. 19세기 중반에 전국적으로 일어난 민란이 바로 그것이다….'

신박한 한국 사람과 한반도

❖ 일제의 당파성론과 송나라 주희의 붕당에 대한 견해 ❖

네이버 지식백과, 붕당정치, 『한국민족문화대백과』, 한국학중앙연구원 인용

'일본 어용학자 및 언론인들은 한국 국권 침탈 초기부터 조선시대 정치사에 대해 깊은 관심을 가지고 이른바 당파성론(黨派性論)을 창출했다. 한국인은 정치적으로 서로 싸우기를 좋아하는 민족성을 가져 망국의 길을 걷지 않을 수 없었다는 것이 그들의 논점이었다.'

'시데하라(幣原坦, 1870~1953)의 『한국정쟁지(韓國政爭志)』(1907)는 이런 의도에서 쓰여진 최초의 조선시대 정치사였다. '당파성론은 다른 식민주의적 역사 해석과 함께 자기네의 국권탈취를 합리화, 정당화하고 한국인에게 패배주의 의식을 심어 식민 통치를 감수하게 하려는 의도로 만들어진 것이었다.'

송나라 성리학의 대성자인 주희(朱熹)는 "붕당이 있는 것을 염려할 것이 아니라 군자의 당이 있다면 정승도 군주와 함께 그 당에 들어가기를 주저하지 말아야 한다."고 했다… 그는 "붕당을 미워해 없애려 한다면 군자들이 화를 입고 나라가 망하게 된다."며… 군주와 권세가들이 인위적으로 붕당을 없애려 하는 노력에 반대했다…'

　조선의 붕당정치는 정치의 발전과정에서 필요하였던 제도였고 현대 민주주의 사회에서 정당정치는 민주사회에서 꼭 필요한 장치이다. 하지만 계속되는 태평성세에 권력 장치를 사적 치부에 악용해왔던 지도층의 당파싸움은 여러 문제를 야기시켰다.

　특히 전쟁이나 공동체의 안전을 위한 대외적인 일에는 국론을 모아야 하는데 전쟁 시까지 사리사욕에 의한 당파싸움을 벌임으로써 나라를 망하게 하는 한 요인이 되었다.

조선시대 이후에는 전쟁이 날 때마다 이러한 현상을 반복해서 겪었다.

조선시대 이후 전쟁사에서 이러한 현상의 반복은 전쟁위기 시에도 나라를 지키는 중요한 문제를 소홀히 여긴 지도층과 국민의 문제 때문이었다.

전쟁의 참상이 얼마나 무서운 것인지? 그 무서움과 교훈을 잊어버리고 대비를 소홀히 한 것이다. 태평성세가 계속되자 왕족이나 양반 등 지도층은 사적 이권만 중시하고 나라를 지키는 일은 소홀히 하였고 백성들은 스스로 나라를 지키겠다는 안보의식을 잊었다.

> 백성과 군주가 한마음이 되어 생사를 함께할 수 있어야 한다.
> (道者, 令民與上同意也, 故可與之死, 可與之生)
> 그리하면 백성은 어떤 위험도 두려워하지 않게 된다.
> (而民不畏危)
>
> - 『손자병법』 1편 「시계(始計)」 -

'싸우지 않고 이기는 것이 최선(不戰而 屈人之兵 善之善者也)'이지만 싸울 수밖에 없을 때를 대비하여 평시부터 준비를 철저히 해야 한다. 하지만 태평성세가 계속되자 조선의 전쟁지도부는 과거 선조들이 갖고 있었던 전쟁에 대한 전문성과 노하우를 잃어버렸다.

전쟁 이전에 전쟁을 억제하는 것이나 전쟁에 대비하여 지피지기(知彼知己)하고 그에 합당한 역량과 준비를 갖추는 것도 실패하였다.

전쟁이 일어났을 때는 어떻게 싸울 것인지를 알지 못한 채 외세의 힘을 빌림으로써 참전국의 이해관계에 따라 전쟁이 장기화되었다. 결국 전 국토가 파괴되고 수많은 군인과 백성들이 희생되었으며 살아있는 사람들도 엄청난 고난을 겪을 수밖에 없었던 것이다.

전쟁이 끝났을 때 지도층은 엄청난 참화를 겪은 데 대한 책임은 뒤로하고 자신들의 공만 내세우며 공훈을 차지하기 위한 싸움만 벌였다. 또다시 이러한 참화를 다시 겪지 않기 위한 시스템을 만들고 후세에 교훈을 알리고 교육하는 것은 소홀히 하였다.

임진왜란 후 병조판서를 지냈던 유성룡이 징비록을 쓰고 준비의 부족을 참회하였다지만 국민교육과 준비를 또다시 소홀히 하여 38년 후 병자호란에서 똑같은 일을 당하였다.

병자호란 후 260여 년의 태평성세를 보낸 조선은 한반도와 그 주변에서 벌어진 청·일 전쟁과 러·일 전쟁을 무기력하게 바라보고만 있었다. 전쟁을 막을 능력이 없었기 때문이었다.

　그리고 나라를 잃어버렸다.

　거기에 더하여 35년 역사 단절은 해방 후 지금까지 스스로 나라를 지키는 일에 대해 홀로서기를 못하는 배경이기도 하다.

　현재의 삶에 급급하여 미래를 위한 조그만 희생도 양보할 수 없었던 조선시대 이후의 이 땅의 사람들은 유비무환의 교훈을 번번이 잊어버리고 미래에 있을지 모르는 전쟁과 참화에 대비하지 못하였던 것이다.

> 유비무환(有備無患)
>
> "편안할 때에 위기를 생각해야한다(居安思危).
> 그러면 대비를 하게 되며(思則有備),
> 대비태세가 되어 있으면 근심은 사라진다(有備則無患)."
> 　　　　　　　　　　　　　　- 『서경(書經)』, 진나라 사마위강 -

한반도 외침에 대한
오해와 수정할 사항

우리나라는 정말로 외침이 많았던 나라였을까?

우리는 '외침을 많이 받았지만 민족의 슬기로 이를 잘 극복하였다.'는 교육을 받아왔고 아래와 같은 말들이 널리 퍼져 있다.

"역사상 931회의 많은 외침…"

— 유봉영[8], 「倭寇와 監訣所謂 十勝之地」, 백산학보 8호, 1970. —

"예로부터 헤아릴 수 없이 많은 외적의 침략을 받았지만…"

— 이선근[9], 「한민족의 국난 극복사」, 1978. —

8　유봉영, 1897~1985, 평안북도 철산 출신, 조선일보 주필, 부사장, 백산학회 회장, 숙명학원 이사장, 『백산학보』 32집 발간, 「조선독립운동사」 등 다수의 논문., 『한국민족문화대백과』.

9　이선근, 1905~1983, 경기도 개풍 출신, 교육자, 역사학자, 문교부장관, 한국정신문화연구원 초대원장, 『조선최근세사』(1931), 『대한국사』(1973), 『국난극복사』(1976) 등., 『한국민족문화대백과』.

제시한 자료의 저자들은 '많은 외침'에 대한 통계기준을 "왜구 등 백 명 내외의 소규모 침입으로부터 수십만 병력의 침입을 모두 포함하였다."고 하면서 우리나라는 역사적으로 외침을 많이 받았다고 하였다. 이 글을 잘 읽어보면 우리 역사에 국가급 규모의 큰 전쟁이 많았다는 말이 아니라 준비를 잘해야 한다는 데 방점이 있는 글이었다.

　그런데 이러한 글들이 유비무환의 당위성을 강조하는 국민교육 자료로 활용되는 과정에서 우리나라에 큰 전쟁이 많았었다는 것으로 오해를 야기시킨 것으로 보인다.

　국방군사연구소 최병옥 선임연구원은 「한국의 역대 대외전쟁에 대한 인식」, 군사 25호(1992)에서 "이들의 통계가 외침이나 전쟁수준으로 볼 수 없는 것들을 포함시킴으로써 과다히 계산되어졌다."고 하고 "외침 횟수의 다과가 갖는 의미가 국민 정서에 미치는 영향을 볼 때 긍정적인 면과 부정적인 면을 모두 가지고 있다. 이는 '민족의식 고취와 자위력을 갖추어야 한다.'는 당위성을 강조하는 방편이 될 수 있지만 '한국사의 타율성 내지는 민족의 열등의식을 조장'함으로써 자포자기케 하는 부정적 측면을 무시할 수 없다."고 하였다.

　"우리 역사에서 한반도에 대한 외부로부터의 큰 외침이나 전쟁으로 표현될 수 있는 정도의 것은 32건 정도…(표4)"라고 하면서 조선시대 이후 발간된 군사서적에 나오는 대외전쟁도 아래와 같은 숫자

(표5)로 제시하고 있다.

| 한반도에 대한 외부로부터의 외침 |

고조선-삼국시대		고려시대	조선시대	근세
고조선, 연·한 전쟁 고구려, 선비, 위 전쟁 1~3차 대한전쟁 1~3차 대연전쟁 한사군 축출전쟁	부여, 연 전쟁 수·당의 침공 나당전쟁 발해, 당의 전쟁	거란의 3차 침입 몽고의 6차 침입 여진 정벌, 거란 토벌 홍건적의 토벌 왜구 토벌	대마도 정벌 여진 정벌 임진/정유왜란 병자/정묘호란	항일 독립 전쟁
19건		7건	5건	1건

| 조선시대 이후 발간 군사서적에 나오는 대외전쟁 건수[10] |

동국병감[11]	역대병요[12]	국난사 개관 (김종권)	시련과 극복 (문교부)	한민족 전쟁사 총론
37건	24건	62건	19건	27건

 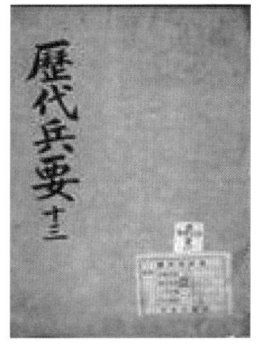 

---

10 전쟁기념사업회, 『한민족역대전쟁사』, 행림출판, 1992, pp.9~10.

11 『동국병감』 2권 2책, 조선 문종 때 편찬, 위만조선부터 고려 때까지 이민족과의 전쟁사

12 『역대병요』 13권 13책, 조선 세종 때 편찬, 역대전쟁과 그것에 대한 평을 기록한 책., 「한민족문화
    대백과」.

앞선 '수많은 외침'이라는 말과 병서에서 제시하는 '전쟁'과는 어떤 차이가 있을까?

수많은 외침은 국민들의 안보의식을 고취시키기 위해 일부 사회학자들이 왜구의 침입이나 북방 경계선의 소규모의 충돌까지 포함하여 다소 과장되게 제시한 숫자이고 최병옥 연구원이나 조선시대 이후 병서에서 제시하고 있는 전쟁은 규모 면에서 국가급 이상의 전쟁을 제시한 것이다.

따라서 일반인들이나 전문가들이 '한반도가 지정학적 불리점으로 수많은 외침을 받았다.'는 말을 '큰 규모의 전쟁이 많았다.'는 것으로 오인하여 받아들이는 것은 분별함이 필요하다.

'수많은 외침을 받았다는 말'은 '민족의 열등의식을 조장'하는 문제뿐만 아니라 한반도 상황에 대한 실제를 왜곡하여 인식케 함으로써 국가정책이나 전략을 잘못된 방향으로 가게 할 수 있는 요인이 될 수 있기 때문이다.

최병옥 연구원이 제시한 내용은 한반도 전쟁사에 대한 왜곡을 바로잡는다는 면에서 의미가 있는 연구로서 이는 한반도에서 있었던 전쟁사를 올바르게 알리는 차원에서도 매우 중요하다.

그렇다면 왜 과거 한반도에 대규모의 전쟁이 많았던 것은 아니었을까? 이는 이 땅에서 살아온 한국 사람과 한반도의 지리적 상황에 기인하는 것이라 볼 수 있다.

　2부 역사와 전쟁의 기억 속에 한국 사람과 3부 전쟁사에서 보여진 한반도의 지리적 특성을 살펴보면 그 이유를 명확히 이해할 수 있다.

역사와 전쟁사의
기억 속에 한국 사람

이순신 장군과 의병 그리고 관군

건장한 신체조건과 뛰어난 인지능력

다양한 재능과 열정 그리고 별난 이기심

『대한제국 멸망사』(헐버트)에 보여진 대한사람

해방 후 이념의 혼란과 경제적 성취

세계적 경쟁력의 한국 사람과 교육

"지피지기(知彼知己)면 백전불태(百戰不殆)"

소크라테스는
"너 자신을 알라."고
하였다.

그리고 손자는 "적이 나를 이기지 못하도록 하는 것은 나에게 달려있다(不可勝 在己)."고 함으로써 자신이 중요하다고 하였다.

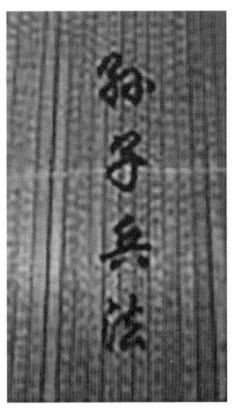

또한 "적을 알고 자신을 알면 백번 싸워도 위태롭지 않다(知彼知己면 百戰不殆)."고 함으로써 지피지기(知彼知己)를 잘못하면 위태로울 수 있음도 강조하였다.

우리 전쟁사에는 '적과 자신을 아는 것(知彼知己)'을 잘해서 항상 승리했던 장군도 있었지만 이를 소홀히 하여 나라를 위태롭게 했던 지도자나 장군도 있었다.

을지문덕이나 강감찬, 이순신 장군 등은 적과 나를 아는 것 (知彼知己)에 관심을 가지고 상대와 우리의 강·약점에 적합한 전술과 무기를 개발하여 사용하고 한반도의 유리한 시간과 장소를 잘 이용할 줄 알았던 장군들로서 싸워 이기는 방법을 정확히 알았던 전쟁전문가였다.

≡ 을지문덕 장군 ≡ 강감찬 장군 ≡ 이순신 장군

(출처: 네이버 위키백과)

이에 비해 나라의 존망을 위태롭게 했던 장군들은 '지피지기(知彼知己)'나 싸워서 이기는 방법을 이해하지 못한 채 막연히 '공격하라!' '물리쳐라!'는 등 아무 대책도 없이 부하들의 희생만을 강요하였던 전문성이 부족한 지도자나 장군들이었다.

우리는 조선시대 이후의 전쟁사에서 매번 참담한 전쟁을 겪었음에도 지도층이나 백성 그리고 군인들은 여전히 유비무환의 전쟁 대비를 소홀히 하는 문제를 가지고 있어 왔다.

왜 이러하였을까?

2부에서는 자신을 알아보는 지기(知己)의 관점으로 우리의 역사와 전쟁사를 바라봄으로써 한국 사람들에게는 어떤 강·약점이 있었는가?를 찾아보고자 한다.

> 적을 알고 나를 알면 백번 싸워도 위태롭지 않고
> (知彼知己, 百戰不殆),
> 천시와 지리까지 알면 전승이 가능하다.
> (知天知地, 勝乃可全)
>
> - 『손자병법』 10편 「지형(地形)」 -

이순신 장군과 의병
그리고 관군

이순신 장군은 왜 유명할까?

이순신은 1592~1598년 임진왜란과 정유재란 시에 전라 좌수사, 삼도 수군통제사로서 조선을 구한 뛰어난 영웅이었다.

그는 명나라 황제 신종이 자기 나라 도독에게 주는 도독인, 귀도 등 8가지 물품(팔사품)을 하사할 정도로 그 시대에 잘 알려진 장군이기도 하였다.

그는 왜 유명하였을까?

신박한 한국 사람과 한반도

첫째, 이순신은 백전백승의 장군이었기 때문이었다.

일본에서 군신으로 칭송받는 러·일 전쟁의 위대한 승리자 도고 헤이하치로 제독이 '이순신을 자신보다 더 위대한 군신으로 칭송'하였고 근세의 일본군들이 이순신 장군의 해전을 연구하고 "나폴레옹을 물리친 넬슨보다 더 위대하게 여겼다."는 말들은 바로 이순신이 임진왜란 20여 회의 해전에서 모두 승리한 백전백승의 장군이었기 때문이다.

이순신은 군인으로서 어떠한 상황에서도 싸워 이길 줄 아는 장군이었다.

이순신은 일본 수군의 약점과 조선 수군의 강점을 알고 거기에 적합한 특화된 무기와 전술을 개발하여 사용하였고 유리한 때와 장소를 잘 알고 적시 적절하게 이용하였다.

≡ 한산도대첩(출처: 전쟁기념관)

그 결과는 싸울 때마다 승리로 나타났다.

일본의 배는 섬나라의 넓은 바다를 다니는 배였다. 따라서 배 밑바닥이 뾰족하고 가볍고 빠른 강점이 있었으나 선체가 약하고 포를 싣기 제한된다는 약점도 있었다.

일본 수군들은 조총을 가지고 멀리서 '사람을 목표로 쏘고 신속하게 상대방의 배에 접근하여 올라타서 쌍칼을 가지고 백병전을 벌이는 등선육박(登船肉薄) 전술'을 사용하였다.

이에 비해 조선의 배는 서해안과 남해안의 얕고 갯벌이 있는 연안에서 운용하는 배였다. 배 밑바닥이 평평하여 속도는 빠르지는 않았지만 안정적이며 튼튼한 배로서 포를 많이 실을 수 있고 회전력이 좋다는 강점을 가지고 있었다.

이순신 장군은 일본 수군의 배가 '약하다'는 약점을 목표로 하여 조선 수군의 배가 '튼튼하고 포를 많이 실을 수 있다'는 강점을 활용할 수 있는 특화된 방법으로 싸우고자 하였다. 이를 위한 그의 전술은 '속도 빠른 일본 배가 조선 배에 근접하지 못하도록 하면서 멀리서 포를 쏘아 파괴'하는 것이었다.

속도 빠른 일본 배를 저지하기 위해 거북선과 같은 돌격선을 제작하였고 신속하고 연속적인 포사격과 포사격의 효과를 높이기 위해 조선 배의 빠른 회전력을 이용하고 학이 날개를 펼친듯한 형태의 학익진도 적용하였던 것으로 보인다.

거북선은 속도 빠른 일본 배에 직접 부딪히고 포를 쏘면서 싸우기 위해 특별히 만들어진 돌격선이었다.

당시 조선의 전투함에는 판옥선과 거북선이 있었는데 판옥선은 조선의 주력함으로써 뚜껑이 없는 배였고 거북선은 일본 배와 부딪히며 싸우는 배로써 판옥선에 뚜껑을 씌우고 그 위에 쇠못을 거꾸로 박았다.

거북선 뚜껑에 쇠못을 박은 이유는 당시 일본군들이 '배 위로 올라와 백병전'을 벌이는 전술을 사용했기 때문으로서 적선에 근접하여 싸우는 거북선에 일본군이 올라오지 못하게 하기 위한 용도였다.

≡ **거북선 모형(출처: 전쟁기념관)**

당시 거북선은 전투선단이 이동할 때 맨 앞에 위치하였다. 이동하다 적선이 나타나면 먼저 달려나가 일본군선에 부딪히고 포를 쏘면서 싸웠고 그사이에 판옥선은 학이 날개를 펼친 것(학익진)처럼 둘러싸고 일본의 군선에 포를 쏘았다.

이러한 조선 수군의 전술과 거북선 운용은 속도는 빠르지만 선체가 약했던 일본 수군의 배를 파괴하는 데 효과적이었다.

또한 그는 일본 수군에게 유리한 넓은 바다를 피하고 조선 수군에게 유리한 남해안의 많은 섬과 조류, 유리한 시간대를 잘 찾아 싸움으로서 수적으로 열세한 상황에서도 승리할 수 있었다.

1597.9.16에 일어난 명량 해전은 13척의 배를 가지고 일본 수군 130여 척을 맞아 대승을 거둔 해전으로 군사력의 부족을 '명량(일명 울돌목)'이라는 물살이 빠르게 흐르는 좁은 해협의 유리점을 이용하여 극복하고 승리한 해전이었다.

둘째, 이순신 장군은 보통사람이었으나 군인으로서 해야 할 일을 알고 잘 준비하였던 전쟁 전문가였다.

이순신은 조선시대 공부 잘하는 사람들이 18~19세면 과거에 급제하는 시절에 32살의 나이에 병과(丙科)에 합격한 보통사람이었다.

그는 군인이 되고 15년 후에 임진왜란이 일어났을 때는 싸워 이기는 방법을 정확히 알고 이를 실전에 적용할 수 있는 장군이 되었다.

이순신은 임진왜란에서 상대적으로 우세한 일본의 군선 수나 빠른 속도, 조총 등 무기의 질적 차이 등을 극복하고 싸울 때마다 이겼다.

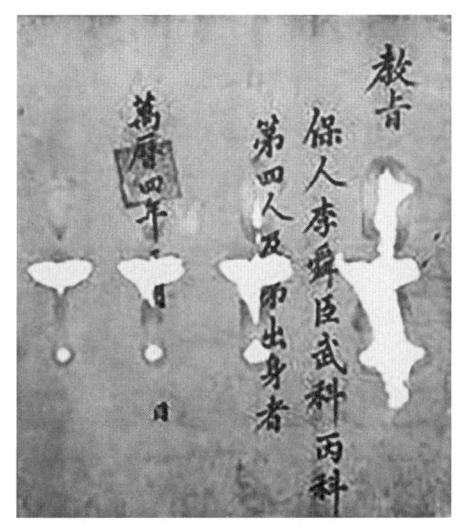

≡ 이순신의 과거급제 교지(출처: 전쟁기념관)

원칙을 준수하는 강직한 성품이어서 두 번씩이나 모함을 받고 백의종군하는 굴욕에도 그는 오로지 싸워 이기는 문제만을 연구하였던 군사전문가였던 것이다.

셋째, 이순신 장군은 적재적소에 필요한 수군 전문가를 잘 기용했던 리더십이 뛰어난 장군이기도 하였다.

임진왜란 당시 47세였던 이순신 장군은 전라도와 경상도 바다에서 오랫동안 수사로 근무하였던 수군 전문가인 78세의 정걸[13] 장군을 조방장(지금의 참모)으로 기용하였고 함선제작 전문가인 나대용[14]으로 하여금 거북선을 제작하게도 하였다.

태평성세에 취해 사익만 구하고 전쟁에 대한 대비를 소홀히 하였던 조선에서 시류에 따르지 아니하고 오직 싸워 이기는 방법을 연구하고 훈련하고 준비하였던 이순신만이 백전백승함으로써 조선을 구하는 위대한 장군이 되었다.

---

13 정걸: 1514년생으로 1572~1587년 사이에 전라 좌수사, 경상 우수사, 전라 우수사, 전라도 병마절도사, 충청도 수군절도사 등을 역임한 수군 전문가로서 이순신의 조방장으로 이순신과 옥포, 한산도, 부산포해전 등에 참가하였다., 네이버 「위키백과」.

14 나대용: 1556년생으로 1591년 이순신 휘하에서 거북선 건조에 참여한 우리 역사상 유례를 찾아볼 수 없을 만큼 탁월한 조선 기술자로 알려진 장수로 이순신과 옥포, 사천, 한산도, 명량, 노량해전에 참가하였다., 네이버 『한국민족문화백과』.

지금도 이순신처럼 싸울 때마다 이길 수 있는 전문성 있는 장군이 있다면 나라를 지키는 걱정은 없을 텐데….

　백전백승의 전문성과 리더십은 시대와 관계없이 중요한 가치이다.

옛날 전쟁에 능했던 사람들은
승리의 여건을 조성해놓고, 쉽게 승리를 거두었다.
(古之所謂善戰者, 勝於易勝者也)

- 『손자병법』 제4편 「군형(軍形)」 -

나라를 구한 의병

이순신을 제외하고 임진왜란에서 나라를 구하는 데 기여한 특별한 이들은 의병이었다. 의병은 외적의 침입을 물리치기 위하여 백성들이 자발적으로 조직한 군대를 말한다.

당시에 일본군들은 조선의 한양을 조기에 점령하고 항복을 받은 후에 물자를 조달받아 명나라로 공격하고자 하였다.

그러나 그들이 한양을 점령하였을 때 임금은 피난을 가고 전국 각지에서 의병들이 일어나 끝나지 않는 전쟁을 계속할 수밖에 없는 상황에 빠지게 되었다. 이러한 상황에 대해 일본인들은 조선인들이 너무 특이하다고 생각하였다.

자기 나라 사무라이들의 상식에 의하면 '수도가 함락되면 영주는 할복자살하고 백성은 항복하는 것'이 당연한 것이었는데 항복하지 않고 전국 곳곳에서 의병을 일으켰던 조선 사람들이 자기들과 너무 다르게 느껴졌다'는 것이다.

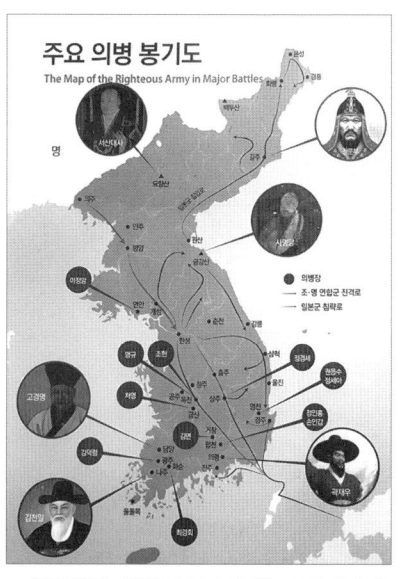

≡ 임진왜란 의병봉기도(출처: 전쟁기념관)

19세기 말 서구의 열강이 조선에 도착하고 1894년 청·일 전쟁, 1904년 러·일 전쟁에서 승리한 일본에 1905년 을사보호조약으로 외교권을 빼앗기고, 1907년 정미 7조약으로 대한제국 군대를 강제 해산당한 후 1910년 8월 29일 한일합병조약에 따라 나라가 빼앗기는 과정에서도 의병이 있었다.

'1895년 명성황후 시해사건 시 을미의병, 1905년 을사보호조약 시 강원도, 충청도, 호남과 영남 등지에서 일어난 최익현, 신돌석 등의 을사의병, 1907년 대한제국 군대가 해산된 후에 해산군인들과 함께 13도 창의군을 결성 한양진공작전을 추진하였던 정미의병 등이다.

이들은 1909년 일본군의 남한대토벌작전으로 예기가 꺾일 때까지 전국 곳곳에서 활동하였다.'[15]

≡ 의병, F.M. 매켄지 촬영(출처: 전쟁기념관)

---

15 네이버 『한국민족문화대백과』(한국학중앙연구원)의 을미의병, 을사의병, 정미의병 참조.

이때의 의병들은 나라를 지켜야 한다는 일념으로 모인 유생과 해산군인, 평민, 천민 등 다양한 계층의 평범한 사람들이었다.

이들은 나라를 빼앗긴 무능한 조선의 왕족과 대신들이 자신만을 위해 일본에 붙어 부귀영화를 누릴 때도 만주로 가서 독립군으로서 나라를 찾기 위해 희생을 하였다.

조선은 의기 넘치는 의병 대장감이 많은 나라였다.

❖ 조선에 의병이 많았던 이유는 ❖

태평성세로 군정이 문란해지고 지방관군이 유명무실해졌기 때문이었다.

(평화가 계속되면서) 각 지방에서는 민폐를 줄인다는 명목하에 소집훈련은 전폐되다시피 하였다.

군역을 면제하는 방군수포제(放軍收布制)가 적용되면서 진관체제가 약화되고 군의 존재 자체가 유명무실하였다.

또한 속오군은 점차 중앙과 지방의 직업군인을 양성하는 재정부담 층으로 인식되어 그 군역을 면제하는 수미법(收米法)이 적용되어 존재 자체가 유명무실하게 되었다.

그 결과 홍경래의 난과 같은 민란이 발생했을 때 동원 가능한 병력이 없어 조기 진압을 하지 못하였으며, 의병을 모집하거나 중앙군을 현지에 파견하여 진압할 수밖에 없게 되었다.

- '조선의 군사', 지방의 군제 , 네이버 「위키백과」 인용 -

신박한 한국 사람과 한반도

전쟁지도부와 관군

그렇다면 관군들은 다 어디에 있었을까?

태조 이성계가 조선을 건국한 1392년 후 200여 년의 태평성세 속에서 군대의 중요성을 별로 느끼지 못했던 정치인들은 병조판서도, 도원수도, 병마절도사도 모두 문신으로 채우고 전쟁 대비의 필요성을 잘 느끼지 못했던 듯하다.

임진왜란 9년 전 병조판서였던 율곡 이이가 10만 양병을 요구했을 때 대부분의 정치인들이 현실의 어려움을 들어 반대함으로써 준비를 하지 않았던 조선의 군대는 이미 싸워 이길 수 없는 군대였다.

❖ **양병십만론(養兵十萬論)** ❖

이이 (조선), 네이버 「나무위키」 인용

나라의 기운이 부진함이 극에 달했습니다.(國勢之不振極矣)
10년이 못 가서 땅이 무너지는 화가 있을 것입니다.(不出十年當有土崩之禍)

원하옵건대 미리 10만의 군사를 길러서(願豫養十萬兵)
도성에 2만 각 도에 1만을 두되(都城二萬各道一萬)
그들의 세금을 덜어주고 무예를 훈련시키며(復戶鍊才)
6개월로 나누어 교대로 도성을 지키게 하였다가(使之分六朔遞守都城)
변란이 있을 경우에는 10만을 합쳐 지킴으로써(而聞變則合十萬把守)
위급한 때의 방비를 삼으소서(以爲緩急之備)

이와 같이 하지 아니하고 갑자기 변이 일어날 경우(否則一朝變起)
백성들을 내몰아 싸우게 하는 일을 면치 못하여(不免驅市民而戰)
전쟁에 지고 말 것입니다.(大事去矣)

조선의 전쟁지도부에는 전쟁 준비뿐만 아니라 전쟁시행 간에도 군 사력을 어떻게 운용하고 적을 어떻게 막아야 하는지 싸워 이기는 방법을 아는 사람은 많지 않았던 듯하다.

1592년 임진왜란 때는 단 20일 만에 한양을 빼앗겼다.
1636년 병자호란 때는 4일 만에 한양을 내주었고
1894년 청·일 전쟁, 1904년 러·일 전쟁 때는 외세가
우리 땅에서 싸우는 모습을 무기력하게 방관할 수밖에 없었다.

≡ 신식군대 교련병대(출처: 전쟁기념관)

6·25전쟁 때는 3일 만에 서울을 빼앗겼다. 안타깝게도 조선시대 이후의 우리의 관군은 항상 무기력했다.

왜 그랬을까?

　　　　　　　　　　　　　　　신박한 한국 사람과 한반도

많은 사람들은 '적이 상대적으로 강하기 때문이었던 탓이었겠지!' '약소국의 한계?' 즉 숙명이라고 생각하는 사람들도 많은 듯하다. 주변국이 상대적으로 크다 보니 우리 스스로 약한 나라라는 생각이다.

하지만 전쟁에 패한 이유는 상대적 군사력의 크기 문제가 아니었다. 이순신 같은 이는 적이 10배나 많았음에도 싸워 이길 수 있었고 근세의 일본은 인구가 10배나 많은 중국과 싸워 이겼으며 현대의 베트남이나 아프가니스탄은 세계 최강의 미국을 상대로 물리쳤기 때문이다.

이는 전쟁 준비 부족과 지도층의 무능 문제뿐만 아니라 '전문성 없는 전쟁지도부와 장군'의 문제였다.

임진왜란 후 유성룡은 "지난 일을 경계하여 후환을 삼간다."는 징비록을 쓰고 전쟁에 대비하지 못했음을 반성하였다지만 이보다 더 큰 문제는 태평성세에 취해 자신들의 사익만을 우선시하였던 이들이 전쟁 준비와 수행에 대한 전문성이 없었다는 것이었다.

임진왜란 때는 유성룡이 병조판서로서 전쟁을 지도하였고, 병자호란 때는 이조판서 최명길과 호조판서 김상헌이 전쟁에서 항복할 것인가 싸울 것인가에 대한 논란을 벌였지만 이들은 모두 문신으로 전쟁을 잘 이해하지 못하였던 것으로 보인다.

❖ 조선의 군 지도부와 훈련 ❖

'조선(군사제도)' '남이흥' 네이버 『한국민족문화대백과』 인용

조선 사회는 문신 중심의 사회로서 태평성세가 계속되자 병조판서(지금의 국방장관)나 도원수(합참의장), 병마절도사(군사령관) 등을 대부분 문신이 담당하였다. 문신들은 평시 백성들의 삶의 질을 향상시키는 데 많은 기여를 하였지만 준비되지 않은 채 전쟁을 맞게 되자 어찌할 바를 몰랐다.

임진왜란과 병자호란에서 등장하는 병조판서나 도원수 대부분은 모두 문신이었는데 전쟁에 대한 전문성이 부족한 장수, 싸워 이기는 방법을 잘 모르는 이가 높은 계급에서 전쟁을 준비하고 지휘함으로써 조선의 육군은 연전연패하였고 많은 관군들이 열심히 싸우기는 하였지만 억울한 죽음을 당하였다.

정묘호란 시 안주성 전투에서 패하여 자폭했던 무신 남이흥 장군은 "조정에서 나로 하여금 마음대로 군사를 훈련하고 기를 수 없게 했는데, 강한 적을 대적하게 되었으니 죽는 것은 내 직책이나, 다만 그것이 한이로다." 하였는데 이는 인조반정 이후 전쟁에 대비한 군사훈련조차 제대로 할 수 없었던 조선 사회의 실상을 보여준다.

6·25전쟁 때는 일반상선 선장 출신의 국방장관은 북한군이 얼마나 강력한 군대인지? 국군이 얼마나 미약한지도 모른 채 "3일이면 평양을 점령할 수 있다."고 호언장담하였다.

그는 전쟁에 대해서는 잘 이해하지 못하는 전문성이 없는 사람이었다. 전쟁실패의 책임은 전문성 없는 사람을 기용한 무지한 지도자의 문제이기도 하였다.

전쟁이 일어날 때 어떻게 준비하고 시행하여야 하는지 이해하지

신박한 한국 사람과 한반도

못하였던 정치인들과 평시에 부대관리나 하고 진급에만 매달려 싸워 이기는 방법 연구를 소홀히 하였던 장군들, 훈련되지 않은 군사들은 전쟁이 일어나자 준비되지 않은 성과 진지에서 목숨을 내걸고 최선을 다했지마는 전쟁에 숙달된 강력한 침략군을 막을 수는 없었다.

임진왜란에서 등장하는 유명한 장군은 신립이며 대표적인 전투는 충주호에서 벌어진 탄금대 전투이다.

그는 당대에 잘 알려진 장군으로 일본군이 부산포를 점령하고 북진해 오자 제승방략[16]에 따라 문경새재에 병력을 집결시켜 싸우고자 하였다.

하지만 그는 병력의 훈련이 부족하고 도망의 우려가 있음을 고려하여 문경새재 천혜의 지형을 포기하고 탄금대에서 배수진을 치고 자신의 특기인 기병전으로 전투를 하고자 하였지만 몰살당하였다. 결국 본인도 부하 장수 김여물과 강물에 투신 자결하였다.

신립 장군의 배수진에 대한 평가는 두 가지로 나뉜다.

---

16 제승방략: 유사시에 각 고을의 수령이 그 지방에 소속된 군사를 이끌고 본진(本鎭)을 떠나 배정된 방어지역으로 가는 분군법(分軍法), 중종 때의 삼포왜란, 명종 때의 을묘왜변을 겪으면서 시도된 전략., 『한국민족문화대백과』, 한국학중앙연구원.

첫 번째로, "훈련이 부족한 동원된 병력 즉, 오합지졸로 싸울 수밖에 없었으므로 힘을 결집하고 독전으로 싸우기 위해 배수진을 치고 자신의 장기인 기병전으로 전력을 다해 싸울 수밖에 없었다."는 평가와 두 번째로, "일본군의 특성을 깨닫지 못한 채 문경새재의 이점을 살리지 못하고 북방에서 싸우던 방식 즉 기병에 의한 무모한 싸움으로 많은 사람을 희생시키고 패할 수밖에 없었다."는 평가이다.

군사학을 배우지 않은 일반인의 관점에서 바라보면 어떤 평가가 맞는 것인지 잘 알기가 어렵다. 하지만 손자의 관점에서 보면 신립의 배수진은 당시 상황을 종합적으로 고려하지 못한 점이 있었다.

첫째, 적과 나의 강·약점(知彼知己)에 적합한 전술을 사용치 못하였다.

당시 일본군들은 정확성이 높고 파괴력 있는 조총이라는 신무기를 가지고 전쟁에 숙달된 사무라이들이었는데 이를 이해하지 못하고 훈련되지 않은 병사들을 은폐할 수 없는 개활지에서 무방비상태로 위험에 노출시킨 채 자신이 잘하는 기병전으로 싸우려 하였다는 점이다.

둘째, 지리와 천시의 유·불리점(知地知天)을 이용하지 못하였다.

조선의 군사들이 은폐 엄폐할 수 있고 방어하기에 너무나 유리한 지역인 천혜의 문경새재를 포기하고 조선군에 절대적으로 불리한 개활지인 탄금대를 택하였다는 점이다.

이는 손자의 관점에서 보면 '적과 나의 강약점을 제대로 이해하지 못하고 유리한 시간과 장소를 이용하지 못한 채 자신의 방식만을 고집하여 이루어진 전투'로서 패할 수밖에 없었던 방책이었던 것이다.

그는 당대 최고의 무장으로 평가받는 장군이었다고 하나 군인으로서 싸워 이기는 방법에 대한 전문성은 부족했던 것이다.

200년 태평성세에 군대의 필요성을 잘 이해하지 못하였던 문신의 시대, 병조판서도 도원수도 병마절도사도 모두 문신이었던 조선에서 '지피지기(知彼知己)'나 '지지지천(知地知天)'의 중요성을 이해하는 사람은 많지 않았던 듯하다.

이순신과 신립은 같은 군인이었지만 '전쟁에서 싸워 이기는 방법'을 잘 알고 있었느냐는 관점에서 보면 너무 다른 군인이었다.

당시나 지금이나 군인들에게 전쟁에서 싸워 이기는 방법을 모르는 것이 그들의 삶에 큰 영향은 없었던 것으로 보인다. 싸우는 방법에 대한 연구는 뒷전이었고 훈련도 소홀히 함으로써 전쟁에 대한 전문가는 없었다.

오직 이순신과 몇몇 의병장들뿐이었던 것이다.

> 적을 알고 나를 알면 매번 싸워도 위태롭지 않다.
> (知彼知己, 百戰不殆)
> 적을 알지 못하고 나를 알면 승부를 예측할 수 없다.
> (不之彼而知己, 一勝一負)
> 적도 모르고 나도 모르면 매번 싸울 때마다 위태롭다.
> (不知彼不知己, 每戰必殆)
>
> - 『손자병법』 3편 「모공(謀攻)」 -

그 시대에 이순신과 같이 전문성으로 승리했던 장군은 중국에도 있었다.

이순신 장군처럼 지피지기(知彼知己)에 관심을 가졌던 사람 중에 『기효신서』를 쓴 명나라의 척계광[17]이라는 사람이 있었다.

그는 백병전에 능한 왜구들을 상대하는 데 있어 훈련되지 않은 농민군인 자신 군대의 취약점을 보강하기 위해 지휘편제와 연대책임을 강조하는 5명 단위 편성법인 '속오법'[18]과 포수, 사수, 살수를 운용하는 '삼수기법'[19]이라는 특화된 병법을 구상하여 적용하였다.

---

17 중국 명 말기의 장수, 병서가로서 왜구의 침입을 물리치는 데 큰 공을 세웠으며, 『기효신서』 등의 병서를 남겼다., 『두산백과사전』.
18 속오법은 군대를 사(司) → 초(哨) → 대(隊) → 오(伍)로 편성하여 군지휘관과 군인의 관계를 명확히 하여 상하 간의 책임을 강조하는 군대편성 방식이다., 『두산백과사전』.
19 삼수기법은 포수 · 사수 · 살수를 두어 적이 가장 먼 거리에 있을 때는 조총을 가진 포수가 이를 제

신박한 한국 사람과 한반도

그리고 '낭선'이라는 특별한 무기도 개발하여 사용하였는데 왜구에 효과가 있었다.

≡ 낭선(대나무처럼 가지 달린 창)

'낭선'이라는 창은 백병전에 능한 무사(사무라이)가 가까이 접근하는 것을 저지하는 데 사용하였던 창으로서 짧은 칼을 사용하는 왜구의 약점을 간파하고 그림과 같은 가지가 달린 창으로 왜구를 저지하고 멀리서 활을 쏘거나 긴 창으로 찌르는 방법으로 싸웠는데 훈련이 부족한 농민군이 전투에 숙달된 왜구와 싸우는 데 효과가 있었다. 낭선은 짧은 칼을 쓰는 왜구의 약점을 이용하기 위해 고안된 무기였다.

임진왜란 후 조선군도 이를 받아들여 '속오군'을 편성하고 '병학지남'이라는 군대 조련법을 만들기도 하였다.

압하고, 다음은 사수의 궁시(弓矢)로 이를 막으며, 적이 가장 가까운 거리에 왔을 때는 살수를 투입하는 전술이었다., 『두산백과사전』.

척계광은 이순신처럼 지피지기(知彼知己)로 적의 약점과 나의 강점을 알고 거기에 적합한 무기와 전술을 창의적으로 개발하여 사용하였다는데 공통점이 있다.

6·25전쟁 때도 이순신 장군처럼 지피지기(知彼知己)에 관심을 가지고 일거에 전세를 역전시켰던 장군이 있었다.

낙동강 전선에 몰려 패전 직전의 상황에서 전세를 역전시킬 수 있었던 것은 맥아더 장군의 인천상륙작전이 성공했기 때문이었다.

당시 많은 사람들이 인천이 세계적인 조수간만의 차와 상륙이 어려운 지형조건 등으로 인해 성공 확률이 5,000 대 1이라며 반대가 심했음에도 많은 해상세력을 보유한 유엔군의 강점을 이용하여 북한군이 예상치 못한 인천으로 기동하고 상륙하여 기습을 달성하고 북한군 보급선의 중심이었던 서울을 점령함으로써 전세를 일거에 역전시킬 수 있었다. 맥아더는 아군의 강점과 적의 약점을 정확히 파악하고 싸워 이기는 전술을 구사할 줄 알았던 장군이었다.

또한 북한군이 압록강까지 밀린 상황에서 구식군대였던 중공군이 강력한 유엔군을 38도선으로 밀어내었던 것은 중공군 사령원 팽덕회의 2차례 공세가 성공했기 때문이었다.

그는 항공력도 강했고 기계화되어 있었던 유엔군에 비해 무기장비도 열악한 구식군대를 가지고 있었음에도 주로 야간에 산악으로 대량의 병력을 투입하는 인해전술로 유엔군을 37도선까지 순식간에 밀어붙였다. 그는 유엔군의 취약점이 야간과 산악에 있음과 병력이 많은 자신 군대의 강점을 정확히 이해하고 거기에 적합한 전술을 구사할 줄 알았던 장군이었다.

임진왜란과 6·25전쟁에서 등장하는 이순신, 척계광, 맥아더, 팽덕회 등 승리의 장군들은 군사력의 규모나 무기의 질과 관계없이 싸워서 이기는 방법을 정확히 이해하였던 장군들로서 이러한 전문성 있는 장군 한 사람이 전쟁에서 얼마나 큰 역할을 할 수 있는가를 보여주었다. 이들은 모두 적과 나의 강약점을 알아 거기에 적합한 전술과 무기를 개발하고 유리한 시간과 장소에서 싸움으로서 대성공을 거둔 장군들로 전문성 있는 장군을 키우는 일이 얼마나 중요한가를 알 수 있는 것이다.

손자는 "적과 나를 알면 백번 싸워도 위태롭지 않다."고 하였다. 특히 「군형(軍形)」 편에서는 "적이 나를 이기지 못하도록 하는 것은 나에게 달려 있다(不可勝 在己)."고 하였는데 이는 나의 준비가 중요함을 말한 것이었다.

우리가 과거 전쟁에서 겪었던 위태로움은 바로 우리 자신의 강약점을 잘 알지 못해서 생긴 위태로움이기도 하였던 것이다.

> 적이 나를 이기지 못하도록 하는 것은 나에게 달려 있다.
> (不可勝 在己)
>
> ― 『손자병법』 제4편 「군형(軍形)」 ―

건장한 신체조건과
뛰어난 인지능력

19세기 말 조선에 온 서양인들은 조선 사람들을 '크고 건장하며 잘생긴 사람, 인지능력이 좋은 사람'들로서 '아리안 족[20]과 몽골 족의 혈족'쯤으로 생각하였다.

≡ 노르베르트 신부의 『고요한 아침의 나라』

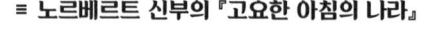

20   중앙아시아에 살다가 인도와 이란에 정주한 민족., 『두산백과』.

"조선인은 중국인이나… 일본인을 닮았다는 것이 대부분 사람들의 지배적인 생각이었다. 그런데 사실상 그들은 그 어느 쪽도 닮지 않았다…

조선인들을 눈여겨보면 그들 사이에 거의 백인과 같은 사람과 그 특징이 아리안족에 아주 가까운 사람들이 있음을 보고 놀랄 것이다.

조선 여성은 극동 민족의 여성들 가운데에서 극히 보기 드문 세련된 미모를 갖추고 있다… 조선의 여성은 유럽 여성의 아름다움의 표준에 가장 가깝게 근접해 있는 것처럼 보였다."

『고요한 아침의 나라(The land of the Morning Calm)』,
새비지 랜도어(Arnold H. Savage Landor), 1895.

그들은 조선 사람들을 왜 그렇게 보았을까? 동남아, 일본, 중국을 거쳐 마지막으로 조선에 도착하였던 서양 사람들의 눈에 조선 사람은 동남아, 일본이나 중국 등 다른 동양인에 비해 상대적으로 크고 건장하며 잘생긴 사람들이었기 때문이다.

신박한 한국 사람과 한반도

한민족은 동양인 가운데서 가장 큰 사람들이다.

　한민족은 '한반도 및 그 주변의 섬에 살고 있는 몽골계통의 단일민족으로서 한글, 경어법을 사용하며 활을 잘 쏘고 춤과 노래를 좋아하는 민족이다.'[21]

> "조선인은 중국인이나 일본인보다도 크고 튼튼한 체격이며, 일반적으로 얼굴이 기분 좋은 인상을 주고··· 건장하고 힘 있는 체격과 균형된 체구로서 원기가 있고 민첩하다···.
>
> 만일에 조선인들이 우리 식의 복장을 하고 있었다면 그들을 유럽인으로 착각했을지 모른다. 그리고 나는 그들 조선인들이 유럽인으로부터 유래되었을 것이라는 인상을 억제할 수 없었다."
>
> 『금단의 나라 조선 기행(A Forbidden Land: Voyages to the Corea)』,
> 인류학자 에른스트 오페르트(Ernst J. Oppert), 1880.

　한민족은 동남아나 중국인, 일본인보다 평균적으로 더 큰 사람들이었는데 이는 한민족 중에는 중앙아시아와 몽골, 만주 등지에서 이동한 북방민족의 후예가 많이 있었기 때문으로 여겨진다.

　만주와 한반도 지역에서 스키타이 계통의 유물이 발견되는 것이나 살고 있는 사람들의 주류가 중앙아시아 우랄알타이어 계통의 사

21　한국민족문화대백과사전, 한국학중앙연구원.

람이라는 점은 만주지역이 유목민의 활동영역으로서 지리적 영향에 의한 것이었다.

≡ 대식가로 알려진 조선 사람
(출처: NewDaily)

오늘날 중앙아시아의 카자흐스탄인이나 몽골인의 모습이 한국 사람과 닮은 사람들을 많이 발견할 수 있는 것은 이를 뒷받침해 주는 것이라고 볼 수 있다.

신체의 크기는 유전적·경제적 요인이 함께 작용한다고 한다.

2016년에 영국에서 발표된 세계 200개국의 1914~2014년 사이 신장 변화를 분석한 통계[22]를 보면 남자 신장 면에서 2014년 기준으로

---

22 이진성 기자, 「韓여성 평균키 162.3*cm*…100년새 20*cm* 커져」, KBS NEWS, 2016.07.26., https://news.kbs.co.kr/news/view.do?ncd=3318425.

한국이 174.9cm, 북한이 172cm, 중국이 171.8cm, 일본이 170.8cm로 나타났다. 한국 남자가 북한보다 크고 중국과 일본보다 3~4cm 더 큰 것이다.

한국인의 신장은 동양인 가운데 가장 크고 남부 유럽 사람들의 신체 크기 수준이다.

1930년대 일본에 의해 작성된 장정들의 통계에도 조선인들 특히 북쪽 지방에 사는 사람들의 신장이 남쪽 사람들에 비해 컸고 일본 사람들에 비해서는 평균 4센티 정도가 컸었다.

과거에 남한 남자보다 컸던 북한 남자의 신장이 오늘날 작아진 것은 경제 사정에 따른 것으로 보이고 과거에서 현재에 이르는 한·중·일 신장의 차이는 유전적인 요인이 작용된 것으로 보인다.

오늘날 대한민국이 동·하계 올림픽에서 세계 5위의 성취를 거둔 것이나 한국 사람을 예쁘고 잘생겼다고 하는 이면에는 한국 사람의 우수한 신체조건이 있는 것이다.

한국 사람은 머리가 좋다.

19세기 말 조선에 왔던 선교사들은 조선인들이 중국이나 일본인에 비해 영민하고 '인지능력이 좋은 민족'[23]이라고 생각하였다.

한민족은 머리가 큰 대두형으로서 뇌 중량은 세계 상위[24]에 속하는데 이는 머리 좋다는 말과 관련이 있는 것으로 보인다.

영국의 얼스터 대 리처드 린 교수는 IQ를 측정하는 세계 184개국의 평균 IQ를 지도[25]로 나타내었다. 여기에서 한국 사람의 IQ 평균은 106으로 세계 2위라는 매우 높은 수준으로 표기하고 IQ는 피부색과 겨울 평균온도와 관련된다고 추정하였다.

○ IQ 지수
- 한국사람의 IQ : 106 (IQ테스트 184개국 중 세계 2위)
  • 1위 홍콩 (107), 3위 일본 (105), 5위 대만/오스트리아 (104)
- IQ는 피부색과 겨울 평균온도와 관련됨을 추정 (Lynn)

－세계 IQ 지도 (Richard Lynn)－

23 이사벨 레버드 비숍, 『한국과 그 이웃나라들』, 살림, 1994.

24 한국민족문화대백과, 한국학중앙연구원.

25 리처드 린, 『인종 간 지능의 차이(Race Differences in Intelligence: An Evolutionary Analysis)』, 2006.

한국 사람의 IQ는 유전적 요인과 다양하게 변화하는 한반도의 독특한 기후의 영향으로 보인다.

이와 같은 통계에 대해 세계 수학경시대회 등 각종 경시대회에서 우수한 성적을 거두는 한국 사람들의 머리가 좋다는 생각은 일반적이다.

다양한 재능과 열정
그리고 별난 이기심

다양하게 변화하는 기후 조건을 가지고 있는 한반도에서 사는 한국 사람은 다양한 재능과 열정적 기질을 가지고 있는 것으로 보인다.

우산 모자 쓴 노인

"모자에 우산을 달겠다는
기발한 생각은 아마 한국 사람만이
할 수 있을 것 이리라…"
　　　　　- 영국화가 엘리자베스 키스 -

　* 옛날부터 조선 사람들은
기발한 아이디어가 있는 사람들이었다.

신박한 한국 사람과 한반도

한국 사람은 다양한 재능을 많이 가지고 있다.

우리의 각종 성취내용을 보면 한국 사람은 신체조건이나 머리가 좋은 점 외에도 다양한 재능을 가지고 있었다.

활을 잘 쏘았다던 동이족, 음악을 좋아하고 악기에 능숙한 한국 사람, 탁구·골프 등 작은 공을 이용한 경기에 능한 한국 사람은 시각이나 청각, 미각, 촉각 등 감각기능의 우수성과 관련된 것으로 보여진다.

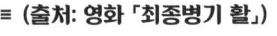
≡ (출처: 영화 「최종병기 활」)

이와 같은 감각기능의 우수성은 과거 역사적으로 '쇠젓가락[26]을 사용'하였기 때문이라고도 하고 4계절과 기온의 큰 연교차, 큰 일교차 등 잦은 기후변화에 적응하면서 발달해 온 것으로 추정되기도 한다.

한국 사람의 다양한 재능은 2년마다 열리는 국제기능 올림픽에서 잘 발견할 수 있다.

---

26 조성만 기자, 「쇠젓가락을 사용하면 두뇌가 좋아집니다」, 국민권익위원회, 2009.10.

국제기능올림픽[27]은 자동차, 항공, 전기 등 50여 개 기능분야를 대상으로 2년마다 열리는 국제대회이다.

한국은 1967년부터 참가하였으며 1977년 이후에 2015년까지 총 21회 참가해서 19회나 우승하는 쾌거를 이루었다. 1977년 이전의 우승은 일본이 주로 차지했었지만 1977년 이후에는 한국이 일본, 스위스, 대만 등을 누르고 거의 40년 동안 연속해서 우승을 차지한 것이다. 이는 한국 사람이 얼마나 다양한 분야에서 재능을 발휘할 수 있는 사람들인지를 보여준다.

≡ 국제기능올림픽 출정 사진(출처: 마이스터넷)

---

27 청소년 근로자들의 직업기능을 겨루는 국제대회로 2년마다 한 번씩 열린다., 「나무위키」.

신박한 한국 사람과 한반도

현대건설의 정주영 회장은 "한국 근로자들은 조선과 건설을 세계적 수준으로 끌어올린 장본인이다."[28]라고 하였는데 한국 사람의 다양한 재능이 우리 경제에 크게 기여하였음을 보여주는 말이었다.

오늘날 한국이 갖고 있는 다양한 분야에서의 세계적 기술력이나 활, 탁구, 골프 등 스포츠 경쟁력, 음악 등 한류의 세계화는 한국 사람의 선천적 경쟁력을 바탕으로 한 후천적 노력, 즉 교육의 결과인 것이다.

---

28   정주영, 『이 땅에 태어나서』, 솔, 2015.

한국 사람들에게는 뜨거운 열정과 좋은 감성이 있지만 심한 경쟁에 따른 집단 이기심의 경향도 있다.

2002년 월드컵 붉은악마 응원단의 열정을 시작으로 「겨울연가」의 배용준, 김연아, K-POP 과 방탄소년단(BTS) 등으로 이어지는 다양한 분야의 한류열풍은 이 시대의 세계 사람들에게 한국 사람들이 얼마나 많은 장점이 있는 사람들인지 보여주고 있다.

≡ 붉은악마 응원단(출처: 한겨레뉴스)

「Chosun. com」「헤럴드경제」 등에서는 한국 사람이 "노래와 춤, 열정과 용기, 감수성, 인자한 심성을 갖고 있고 공동체 의식과 인권 의식이 강하여 태극기를 자랑스럽게 여기고 다른 나라에 없는 노약자 보호석, 남녀 평등부가 있다."고 하였다.

『세계가 사랑한 한국』을 쓴 필립 라스킨은 한국 사람에 대해 '역동성, 성취욕, 유대감, 글로벌 감각이 뛰어나지만 시기심과 질투심이 유별난 단점'도 있다고 하였다.

『한국인』이란 책을 쓴 윤태림은 한국 사람들 간에는 "경쟁이 심하고, 학연, 지연, 집단 이기심, 과도한 군중심리, 이성적 판단이 흐리고 타협할 줄 모르는 경향"이 있음을 지적하기도 하였다.

한국 사람들은 많은 장점을 가지고 있지만 높은 인구밀도와 심한 경쟁 속에서 나타나는 여러 부정적 기질도 있다는 지적이다. 이러한 기질들은 과거 역사에서 나라를 위태롭게 하는 작용도 하였다.

대표적으로 나타나는 것이 지도층이 국가위기 시에도 당파를 짓고 분열하고 사적 이익을 위한 당리당략적 행동을 하였던 점과 국민들의 안보의식 부족에 관한 문제이다.

한국 사람은 당파적 기질이 있다?

이 말은 일본이 식민 지배를 정당화하기 위해 역사를 왜곡한 의도적 민족폄하로 볼 수 있다. 그 이유는 조선시대의 붕당정치나 오늘날 정당정치는 국민을 위한 정치의 발전을 위해 당연히 존재해야 하는 제도이고 그 필요성에 의해 어느 나라나 존재하는 제도이기 때문이다.

그럼에도 불구하고 과거 조선시대 사색당파와 사화[29], 그리고 오늘날 국회에서 합의가 잘되지 않는 극단적인 당쟁 등에서 야기되는 문제 속에서 우리는 종종 한국 사람들이 나쁜 당파적 기질을 가지고 있는 것은 아닌가 하는 우려를 가지게 된다.

---

29 1498년의 무오사화, 1504년의 갑자사화, 1519년의 기묘사화, 1545년의 을사사화 등이 대표적이다.

신박한 한국 사람과 한반도

이러한 문제의식은 역사 속의 정치지도자들이 전쟁 등 국가위기 시에도 개인이나 가문의 이익을 위해 당리당략으로 싸우고 국가가 힘을 모을 수 없게 함으로써 나라를 혼란에 빠뜨리고 백성이 엄청난 재난에 빠지게 하였으며 종국에는 나라를 잃어버리는 역사를 보아왔기 때문이다.

우리가 알고 있는 당쟁의 첫 번째는 임진왜란 전후에 서인과 동인의 당쟁이었다.

임진왜란이 일어나기 9년 전 병조판서였던 서인 율곡 이이가 국제정세의 위험성을 고려한 10만 양병론을 제기했을 때 징비록으로 유명한 동인 유성룡은 이에 반대하였다.

양병십만론(養兵十萬論)

이이(조선), 네이버 「나무위키」 인용

원하옵건대 미리 10만의 군사를 길러서
(願豫養十萬兵)

도성에 2만 각 도에 1만을 두되
(都城二萬各道一萬)

그들의 세금을 덜어주고 무예를 훈련시키며
(復戶鍊才)

6개월로 나누어 교대로 도성을 지키게 하였다가
(使之分六朔遞守都城)

변란이 있을 경우에는 10만을 합쳐 지킴으로써
(而聞變則合十萬把守)

위급한 때의 방비를 삼으소서
(以爲緩急之備)

그리고 임진왜란 3년여 전 조선통신사로 일본을 다녀온 서인 황윤길과 동인 김성일은 "전쟁이 일어난다." "전쟁이 일어나지 않는다." 라는 서로 상반된 주장으로 국론을 통일하지 못하고 우왕좌왕 갈팡질팡하다가 아무런 준비를 하지 못하고 전쟁을 맞음으로써 엄청난 참화를 겪었다.

『징비록 懲毖錄』
임진왜란이 끝난 후 서애西厓 류성룡柳成龍(1542-1607)이 지난 잘못을 밝히고 훗날을 대비하기 위해 전란의 원인과 전황, 임진왜란 전후 7년간의 역사적 사실을 기록한 책

≡ 유성룡의 징비록(출처: 전쟁기념관)

병자호란 때도 주화론자 이조판서 최명길과 주전론자 호조판서 김상헌이 '어떻게 대비하고 싸울 것인가?'보다는 '명분만으로 항복할 것인가? 싸울 것인가?'로 탁상공론을 벌이다. 삼배구고두의 치욕과 60만 조선 백성 포로, 환향녀라는 종군위안부의 참화를 겪었다.

19세기 말 조선은 권력을 유지하기 위해 주변의 외세를 끌어들이고는 대원군과 민비가 싸우고 수구와 친일파, 친청파, 친러파로 나뉘어 싸웠다.

신박한 한국 사람과 한반도

일본, 청나라, 러시아가 조선을 사이에 놓고 전쟁을 벌일 때 중립을 선언하고 무기력하게 바라보다가 전쟁에서 승리한 일본에 나라를 빼앗겨 버렸다.

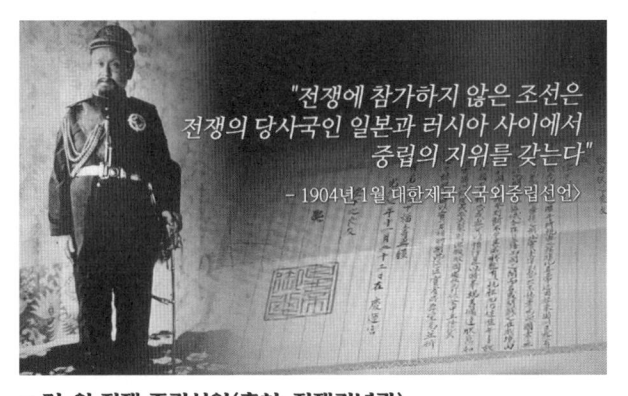

≡ 러·일 전쟁 중립선언(출처: 전쟁기념관)

주변에 군사 강대국이 있는 우리나라의 상황에서는 미래 있을지 모르는 외침에 대한 대비에 더 많은 준비가 필요한데도 이를 너무나 소홀히 하였던 것이다.

또한 전쟁의 징후가 있을 때에 상대와 자신의 군대는 어떤 강약점을 갖고 있는지? 전쟁 준비는 어떻게 하고 어디에서 어떻게 싸울 것인지?를 논하는 것이 아니라 자신들의 이익을 위해 자신들의 주장과 명분만을 내세우며 당리당략에 따라 당파싸움만 벌임으로써 나라를 참화에 빠뜨리게 했다는 공통점이 있다.

이들은 왜 그랬을까?

미래를 내다보지 못하고 현재의 이익에 치중한 머리 좋은 조선 지도층의 지나친 이기심 때문이다. 미래의 국가 이익을 도외시하고 개인과 가문의 현재 이익을 우선시한 것이다.

이는 오랜 태평성세에 전쟁의 무서움이나 그 대비를 잊어버리고 오직 잘 먹고 잘사는 각자도생에만 관심을 가졌기 때문이었다.

지도층이나 군인은 있었지만 미래에 있을지 모르는 전쟁에 대한 전문가는 사라졌고 전쟁의 참상이 얼마나 무서운 것인지를 알리려고 하는 백성도 없어졌다.

'전쟁? 과거에도 없었는데 미래에는 있겠어?'라는 현재만 중시하는 안일함만 가득했다.

평시에 당파를 짓고 싸우는 현상은 경쟁이 심한 사회에서 자연스럽게 발생하는 부득이한 일인지도 모른다. 어느 한 편에 속해 사는 것이 보다 많은 이득을 얻을 수 있고 안전할 수 있기 때문일 것이다.

우리 사회는 과거로부터

불교의 고려시대,

≡ 철조 석가여래좌상

유교의 조선시대

사림들의 회의 모습, 한국생활사박물관 [조선생활관], 사계절 출판사

(출처: 한국생활사박물관)

군국주의 일제강점기를 겪었고

(출처: KBS NEWS)

현대에 와서는 서구의 기독교적 이념까지 더하여 다양한 가치관
이 사회를 지배하고 있다.

현대 우리 사회는 외형은 서구에서 도래한 민주적 기본질서의 사
회이지만 불교적, 유교적, 기독교적 가치도 혼재해 있으며, 군국주의
적 가치도 존재하고 있다. 이러한 가치들은 어느 분야이든 나름대로
좋은 점을 가지고 있는 필요한 가치들인 것이다.

좋은 점은 서로 인정하고 받아들이는 것이 모두를 위해 좋은 일임에도 이를 받아들이지 않고 서로 자기만 옳다고 극단적으로 싸우는 것이다. 여기에는 자신들의 이해관계와 관련이 있다. 전체를 바라보지 못하고, 상대를 이해하지 못하고 자기 분야만 아는 편협한 시각으로 자신만이 옳다고 주장하며 상대를 인정하고 포용하지 못하는 것이다. 독식하고픈 욕심이다.

어느 시대든 집단별 이해관계에 따른 당파적 갈등은 항상 있어 왔다. 문제는 이러한 지나친 이기심에 의한 갈등이 국가의 총력을 기울여야 하는 외침과 전쟁 위기 시에도 여전히 계속된다는 것이 문제였다.

다양성을 중시하는 민주주의 사회는 다양한 계층의 이해관계가 상충될 수밖에 없는 본질적 문제를 안고 있는 사회이다. 따라서 다양한 계층의 이해관계 조정은 정치에서 중요한 과제이다.

민주주의에 대한 오랜 역사를 갖고 있는 서구사회는 다양성에서 발생하는 갈등문제를 법치와 합리성을 앞장세우는 가치관과 노블레스 오블리주[30]라는 지도층의 솔선수범으로 갈등을 해소해 왔다.

---

30 노블레스 오블리주(noblesse oblige), 높은 사회적 신분에 상응하는 도덕적 의무를 뜻하는 말이다. 초기 로마시대에 왕과 귀족들이 보여 준 투철한 도덕의식과 솔선수범하는 공공정신에서 비롯되었다., 『두산백과』.

이들은 인맥을 중요시하기도 하지만 합리성을 좀 더 앞에 세운다. 특히 전쟁이라는 국가의 위기 시에는 지도층이 앞장서서 전쟁에 참여함으로써 국가의 힘을 하나로 결집시키는 솔선수범의 특별한 전통을 가지고 있다. 이는 정치적 색채와는 관계없이 민주주의 발전과 함께 오랜 역사 동안 계승되어온 노하우이다.

하지만 동양사회는 근세에 서구의 제도와 문물을 받아들이기는 하였지만 기존의 유교적 이념이 여전히 자리 잡고 있어 법치나 합리성보다는 학연, 지연 등 인맥이 중심이 되는 구조이다.

학교기관을 통해서 서구의 합리성과 법치, 솔선수범 등을 배우고 겉으로 합리성과 법치를 내세우지만 실제로는 인맥과 장유유서의 사회적 순서와 질서를 중시하는 동양적 가치관의 사회에서 살아가고 있는 것이다.

우리 사회의 겉모습은 서구의 제도 속에서 살아가는 것처럼 보이지만 속사람은 동양 사람이고 동양적 인맥 중심의 사회인 이중적 구조이다.

국가기관이나 대기업 취업은 공채로 이루어지고 있지만 사학이나 중소기업, 자영업 등의 취업은 대부분 인맥으로 이루어지고 공채가 있는 기업에서도 인맥에 관한 문제가 계속 발생하고 있다.

러시아 쇼트트랙 선수로 귀화한 안현수 선수의 문제는 빙상계의 인맥 중심 파벌의 고질적 문제였다. 조직사회에서의 문제 해결 시에도 표면적으로는 합리적 절차를 갖추는 것으로 보이지만 실제는 비공식적인 인맥을 우선시하여 해결되어진다.

우리 사회 비리의 많은 부분은 인맥 중심의 비합리적 사회 성향에 기인하는 바가 크다. 대학가나 사회초년생 젊은이들이 '인맥이 중요하다고 하고 줄을 잘 잡아야 출세할 수 있다.'는 말은 우리 사회가 얼마나 인맥 중심사회인지를 잘 보여준다.

문제의 중심에는 인맥으로 해결이 되는 사회구조적 문제가 있다.

인맥 중시는 자기중심적이고 이기적인 논리이다. 사회를 배려하는 공평과 공정이 배제되어 있다. 이는 경쟁이 심한 사회에서 살아남기 위해 수단과 방법을 가리지 않는 한 방편인지도 모른다. 이를 여하히 극복하고 합리적 사회로 갈 수 있느냐가 중요하다.

우리 사회의 이중성은 조선의 유교적 사회 – 일제 식민지 군국주의 사회 – 해방 후 미 군정 – 대한민국 정부로 이어져 온 역사의 변화과정에 기인한 바도 있는 것으로 보인다. 일제 35년 식민지 역사의 단절이 있었음에도 우리 사회의 사법, 행정 및 치안 분야는 조선말 대한제국으로부터 일제 조선총독부 – 미 군정부 – 대한민국 정부로 연연히 이어져 왔고 과거의 유교적, 군국주의적 구태는 지금까지

남아 있다.

하지만 정치, 외교, 군사 분야는 일제에 의해 의도적으로 철저히 말살되었으므로 해방 후에는 미국식 자유민주주의 제도와 서구식 외교 및 군사제도를 그대로 받아들였다.

우리나라는 미국을 멘토로 성장한 나라이다. 많은 분야에서 미국을 모방하고 답습해 왔다. 하지만 과거처럼 인맥을 중시하는 유교적, 군국주의적 구태를 안고 있기도 한 것이다.

미국은 대부분의 국민이 이민으로 이루어져 있는 나라로서 다양한 인적구성과 계층이 섞여 있는 나라로, 다양한 요구로 인한 많은 문제가 야기될 수 있는 취약점도 있는 나라이다.

이 나라도 학연, 지연과 같은 인맥이 존재한다. 하지만 이들은 인맥과 법리나 합리성이 충돌할 때 법리나 합리성을 더 중시하는 경향이 있다. 또한 노블레스 오블리주라는 지도층 솔선수범의 전통을 갖고 있다.

세계에서 가장 잘사는 나라, 군사적으로 가장 강력한 나라의 원동력은 바로 자유민주주의 가치를 효과적으로 구현할 수 있는 법치와 합리성을 중시하고 지도층이 솔선수범하는 사회적 전통이다.

6·25전쟁 시 미국 장군의 아들 142명이 한국전에 참전하였다.

그들 중에는 아이젠하워 대통령의 아들 존 아이젠하워 소령도 있었고 유엔군 사령관 클라크 장군의 아들 도란 크라크 소령도 있었으며 미8군사령관 워커 장군과 밴플리트 장군의 아들도 있었다.

밴플리트 장군의 아들은 공군으로 공습에 참여했다가 전사하였고 클라크 유엔군사령관의 아들은 단장의 능선전투에서 부상을 당하였다.

미국에는 죽을 수 있는 전쟁에 솔선해서 참여하는 지도층의 솔선수범이 사회 전반에 녹아 있다.

- 전쟁기념관, 「전시해설자료집」, 2013, p. 142. -

우리 사회의 겉모습은 미국을 많이 닮았으나 속 모습은 여전히 동양적 인맥을 중시하는 성향을 갖고 있다.

우리 사회나 사람들이 지나친 이기심에 의한 사익을 추구하는 당파성을 극복하고 더 나은 사회로 발전해 가기 위해서는 자유민주주의 사회에서 발생하는 다양한 요구와 의견을 법치와 합리성 그리고 지도층의 솔선수범으로 극복해가는 순기능을 받아들이고 제도적으로 정착시켜가는 노력이 지속되어야 할 것이다. 또한 그에 적합한 국가적 정책과 교육 방안을 잘 마련하는 것이 나라의 백년대계를 위해 필요한 것일 것이다.

한국 사람은 안보의식이 부족하다?

한국 사람들은 안보의식이 부족하다는 지적도 많이 있다.

조선시대 이후 우리나라에서는 다섯 번의 큰 전쟁이 있었다. 한반도는 전쟁 때마다 참화에 휩싸였고 엄청난 사람들이 죽고 다치고 포로로 끌려갔다. 살아있는 사람들도 엄청난 고초를 당하였고 환향녀와 종군위안부도 반복되었다. 나라가 이 땅의 아들과 딸들을 지켜주지 못하였던 것이다.

왜 우리는 이러한 일들을 반복해서 당했던 것일까?
전쟁이 일어난다는 것을 몰랐기 때문일까?

몰라서의 문제는 아닌 것 같다. 왜냐하면 전쟁이 일어나기 몇 년 전부터 항상 전쟁징후가 있었다. 그런데도 대비를 소홀히 하였다.

그런데 왜 우리는 번번이 전쟁 대비를 소홀히 하였을까?

그 이유에 대해 우리 역사는 외침이라는 국가공동체의 중대사에도 당파싸움으로 자신의 이득만 취하려 했던 지도층과 국민들의 안보의식 부족 문제를 보여주고 있다.

임진왜란 9년 전 병조판서였던 율곡은 당시의 정세를 고려하여

10만 양병론을 주장하였다. 하지만 반대파였던 유성룡 등 동인들은 이에 반대하였다.

임진왜란 2~3년 전에는 일본이 정명가도를 요구하고 들어주지 않을 경우 공격하겠다고 공언함으로써 서인 황윤길과 동인 김성일이 일본으로 가서 상황을 파악하기도 하고 다른 한편으로는 일본군의 진출로가 될 경상도 축선에 성곽을 보강하는 등 있을지 모르는 전쟁에 대비하도록 하였다.

하지만 정치인들은 전쟁이 '일어난다.' '안 일어난다.' 탁상공론만 일삼고 당리당략만 추구하였으며 경상도 백성들은 "살기도 힘든데 무슨 전쟁 준비냐."며 들고일어났다. 결국 조선은 전쟁 준비를 제대로 하지도 못한 채 시간만 보내다 임진왜란을 맞았다. 전쟁 중에도 이러한 현상은 반복되었다. 병자호란 때나 6·25전쟁 때나 모두 같았다.

왜 이런 일이 반복되었을까?

조선이 태평성세의 나라였던 상황과 관련이 있다. 1392년 조선이 세워진 이후 1592년 임진왜란까지 200년이 태평성세였고, 1636년 병자호란 이후 1894년 청·일 전쟁까지 260여 년 동안이나 태평성세였다.

조선의 군대는 중앙에 1~2만 규모의 상비군과 경장을 운용하였으며 지방군은 농사와 군사훈련을 병행하는 병농일치의 예비군적 성격을 가지고 있었다. 평시에 군대의 필요성을 느끼지 못하였기 때문이었다.

더욱이 오랜 태평성세에 농민들의 어려움을 해소한다는 차원에서 지방군의 병역을 군포로 대납도록 하는 등 편의적 조치를 하였다. 이러한 조치는 오랜 시간이 지나자 군포문란 등으로 인해 대부분의 지방군이 병사는 없는 빈껍데기 군대가 되었다.[31]

태평성세 하의 조선은 진관체제[32]와 제승방략[33]이란 군사전략으로 나라를 지키고자 하였다. 이 전략은 지방의 군사력을 진관 단위로 운용하거나 요충지에 집결시켜 운용하겠다는 개념으로 지금의 향토예비군, 동원예비군과 유사한 개념으로 과거로부터 이어져 온 한반도의 여건에 맞게 발전된 개념이었다.

임진왜란 때는 그 개념에 따라 경상도, 충청도 일대의 지방군을 문경새재에 집결시켜 일본군을 막고자 하였는데 이는 당시 상황에 적합한 대책으로 볼 수 있다.

---

31 조선의 군사, 지방의 군제 참조, 「위키백과사전」.
32 진관체제: 조선전기 지방방위체제로서 요충지마다 진관을 설치하여 진관을 중심으로 독자적으로 적을 방어하는 체제이다. 병마절도사, 수사 등을 운용하였다., 『한국민족문화대백과』.
33 제승방략: 조선시대 진관체제의 부족함을 보완하기 위하여 마련한 방어체제로서 중앙의 장수가 예정된 지점으로 지방군을 모이게 하여 방어를 수행하는 조선의 방어체제이다., 「나무위키」.

그러나 태평성세는 사회를 편의와 사익 중심 분위기를 만연하게 하였다. 농민군인 지방군은 평시 농사짓는 것을 더 중요시하였고 장군들은 '전쟁 시 승리방법 연구나 훈련'보다는 평시 부대관리를 중시하였다.

당시의 병조판서(지금의 국방부장관), 도원수(지금의 합참의장), 도 단위 병마절도사(지금의 군사령관)는 대부분 문신으로 채워졌고 병마절도사는 관찰사(지금의 도지사)와 겸직하는 경우가 많았다. 장군들과 군사들은 훈련의 필요성을 느끼지도 못했고 반란을 우려한 조정의 통제로 훈련을 할 수도 없었다.

전쟁에 대비할 수 없는 상황이었던 것이다.

당시 조선에는 여진족 등 소규모 북방민족의 국경선 침입이나 남쪽 왜인들의 삼포왜란(1510), 을묘왜변(1555)과 왜구의 침입 등이 있었으나 중앙 상비군만으로도 평화를 유지할 수 있었다.

그러나 큰 전쟁이 있을 것이 예상될 때에는 평소와 다르게 군역을 확대하고 준비해야 하는 것은 너무나 당연한 일이었다.

하지만 어느 날 '전쟁이 일어날 수 있으니 준비를 해야 한다.'고 하자 전쟁에 대한 전문성이 없었던 문신들, 정치인들은 자신들의 이해관계부터 따졌다.

또한 평소 전쟁이 얼마나 무서운 일인지? 그 참상에 대해서 교육받지 못했던 백성들, 전쟁의 실상이 어떤 것인지 느낄 수 없었던 백성들, 삶에 쫓기며 안보의식이 부족했던 조선의 백성들은 그동안도 전쟁이 없었는데 설마 일어나겠느냐고 안이하게 여기고 받아들이기 어려웠다.

머리는 좋았으나 이기심이 심했던 조선 사람들, 지도층은 국가나 백성보다 자신의 이해관계를 앞세웠고 백성들은 미래 국가 이익보다 현재 자신의 이해관계를 더 중요하게 여겼던 것이다.

전쟁이 일어났을 때 준비하지 않았음을 후회했던 지도층은 전쟁이 끝났을 때 자신의 공적과 영웅담만을 늘어놓고는 전쟁이 얼마나 무서운 것인지 전쟁에 대비하는 것이 얼마도 중요한 것인지 후세에 교육하고 알려주는 것을 소홀히 하였다. 결국 후세들은 전쟁의 참혹함을 이해하지 못하고 미래에 대한 대비를 하지 못했다.

19세기 말 서구열강이 조선에 도착하고 동학농민운동이 일어났을 때 나라를 지키기에는 너무나 무기력하고 전문성이 부족했던 지도층과 장군들, 구식군대밖에는 없었다. 조선 말, 대한제국 시기에는 청나라와 일본, 러시아 군대가 한반도를 종횡으로 휘젓고 다녔다.

결국 나라를 잃었다!

신박한 한국 사람과 한반도

일제 35년의 역사 단절은 조선과 대한제국 시대로 이어져 오던 미미했던 군사 노하우마저도 단절시켰다. 정치, 외교와 군사문제를 일본에 맡기고 살아온 35년 사이에 우리의 안보역량은 제로 상태에 가까웠다.

군대를 만들 전문가도, 군대를 지휘할 장군도, 적과 싸울 군대도 없었고 무기도 장비도 없었다. 하나에서 열까지 모두 새로 만들어야만 하였다.

해방 후 극소수의 독립군과 중국군 출신, 극소수의 일본과 만주군 출신 등이 있었다지만 너무나 미미하였다. 20대 30대의 젊은이들이 주축이 되어 미국군대를 모방하면서 군대도 만들고 전투준비를 하였지만 6·25전쟁이 일어나자 어찌할 바를 몰랐다. 결국 군의 지휘권을 미국에게 맡기고 전쟁을 할 수밖에 없었다.

정치인도, 외교관도, 장군도 나라 지키는 일에 대한 전문성이 없었기 때문이었다.

6·25전쟁 때도 임진왜란, 청·일 전쟁, 러·일 전쟁 때와 비슷한 국제전과 전쟁의 참상을 겪었다. 역사는 반복되었다.

전쟁을 겪었던 시절의 사람들은 모두 나라를 지키기 위한 준비를 한다는 것이 얼마나 중요한 것인지 잘 알지 못하였고 잘 대비하지 못하였다. 지도층이나 백성이나 모두 전쟁의 참화를 망각하고 국가 안보를 소홀히 하였던 것이다.

현대에 와서도 한반도는 경제적으로 잘살게는 되었으나 안보 면에서는 주변 강대국과 북한 등으로 인한 위협을 자주 느끼는 곳이 되었다. 위협이 있을 때마다 외국인들은 걱정하는데 한국 사람들은 다른 나라 사람들과 달리 무사태평하다는 평가를 받는 경우가 많다.

왜 그럴까?

역사적으로 우리나라는 삼국 통일 이후 고려, 조선으로 이어져 오면서 주변에 강대국이 있음에 따른 위협은 잦았지만 삼면의 바다와 만주로 둘러싸인 지형적 영향으로 정작 큰 전쟁이 자주 일어나지는 않았다. 특히 조선은 개국 이후 200여 년과 임진왜란·병자호란 이후 260여 년의 태평성세가 지속되었다. 오랜 평화는 조선사람들에게 전쟁의 참상을 잊어버린 채 나라 지키는 일을 소홀히 하게 하였다.

해방 후 6·25전쟁을 겪은 후에도 북한의 잦은 도발로 더 많은 위협은 느껴왔지만 강력한 한미동맹과 유엔의 도움이 전쟁을 억제하는 역할을 해왔다.

이는 여러 나라와 국경을 직접 접하고 가까운 중동 등지에서 실제 전쟁과 잦은 분쟁을 눈으로 바라보는 유럽이나 중동 등 다른 대륙

국가들과는 아주 다른 환경이다. 전쟁상황과 멀리 있고 실제 전쟁을 겪어보지 않은 사람들에게 전쟁의 참상이 얼마나 무서운 것인지 피부에 와닿지 않는 것이다. 더욱이 위협은 잦지만 전쟁이 일어나지 않는 현상은 '이번에도 그러다 말겠지'라는 '늑대 이야기' 우화처럼 위험성에 대한 인식이나 안보의식을 둔감하게 하는 것으로 보인다.

이러한 문제의 바탕에는 우리의 지리적 환경에 더하여 머리 좋은 한국 사람들의 극도의 이기심에 국가안보를 소홀히 하는 문제로서 현재 자신의 이해와 미래 국가의 이해가 충돌했을 때 자신의 이해를 우선시하는 생각 때문으로 보인다. 이는 중동 등 인접 지역에서 전쟁을 자주 접하는 서양 사람들이 자신과 나라를 위해 안보적 가치를 중요시하는 점에 비해 머리 좋은 한국 사람들의 부족한 점이다.

국민의 안보의식 문제는 지도층의 솔선수범과 함께 국가적 차원의 특별한 교육과 관리가 필요한 분야임을 역사와 전쟁이 보여주고 있다.

『대한제국 멸망사』(헐버트)에
보여진 대한사람

한국인보다 한국을 사랑했다고 평가받는 미국인 선교사 헐버트의 『대한제국 멸망사』(H.B.헐버트 지음, 신복룡 역주)는

대한제국에 대한 안타까움과 사랑의 책으로 한국 사람의 특징과 당시 정치, 외교, 교육, 경제, 관리와 지도층, 황제 등 한국 사회와 사람 등을 멸망의 원인 관점에서 바라본 글이다.

헐버트는 대한제국 멸망 당시의 한국 사람과 사회에 대해 어떤 생각을 가지고 있었을까? 그의 글을 통해 대한제국 멸망 시기의 한국 사람과 사회를 볼 수 있다.

헐버트는 대한제국 사람들은 영민한 사람들이었다고 한다.

한국 학생들의 영민함이 과거나 지금이나 별반 다르지 않았고 특히 수학을 잘했다고 말하고 있다.

그런데 왜 멸망한 걸까?

헐버트는 대한제국 사회가 오랜 태평성세에 적폐와 모순이 매우 많은 사회였는데 그 대표적인 것이 관직과 지도층, 양반의 문제라고 보았다.

이러한 관직과 지도층, 양반의 문제는 모두 백성의 피해로 나타났음을 말하고 있다.

조선은 태평성세가 계속되면서 문신 중심사회가 되었고 풍요로운 사회가 되었지만 모든 관심이 경제적 이권에 매몰됨으로써 왕족과 지도층의 이권 다툼으로 법은 무시되고 외척이나 양반들이 음서제 등 사적 이해관계에 따라 부패한 왕족과 양반들만 득세함으로써 백성들만 어렵게 되는 사회가 되어졌다는 것이다.

관직의 부패가 극심했던 이유에 대해서는 아래와 같이 말하고 있다.

《관직》

"문관들의 세력은 국가의 대권으로 접근하게 됐으며… 이러한 현상은 평화로운 정치를 운용하는 데에 진일보했음을 의미하는 것으로서 백성들에게는 많은 이로움을 가져다주었다.

점차 왕족이 요직에 등용될 수 없음을 규정한 성문법은 점차로 무시되기 시작했으며 왕이 거느리는 수많은 처첩의 연척들은 왕으로부터 은전을 받아 고관대작에 올랐다." (p. 56)

"백성들의 사회적 지위는 점차 하락했으며 소위 양반들만이 득세하게 되자 사회적인 모순은 백성들로 하여금 더 참을 수 없도록 증대했다." (pp. 56~57)

조선의 조정에 교육부와 외교부가 없었다는 점도 특이하다.

《교육과 외교》

"문부성은 없다. 교육문제는 종교와 같이 취급해 향교의 통제를 받았다."

"외무성이란 설치된 적이 없으며 다만 2급 정도의 관리들이 외교문제를 처리한다. 중국에 연행사를 보내는 문제는 예조의 소관사무였다." (p. 59)

신박한 한국 사람과 한반도

왜 그랬을까?

아마도 교육이나 외교의 필요성 문제일 텐데… 문부성이 없었던 것은 우민화 정책 때문이 아니었을까 여겨지고, 외무성이 없었던 것은 지리적으로 외교의 대상이 많지 않았던 이유가 아니었을까 여겨진다.

러·일 전쟁과 을사보호조약 체결로 사실상 나라를 빼앗긴 사건에 대해서는 어떻게 생각하였을까?

《러·일 전쟁과 을사보호조약》

"조선 본래의 독립 지속은… 일본의 대표들과 외교관들이 저지른 잘못에 그 책임이 있으나 그보다도 조선 관리들의 게으르고도 무절조한 태도에 더 큰 책임이 있다." (p. 237)

"좀 더 긴 안목으로 사태를 바라보면서 자기의 개인적인 이익을 떠나 사태를 해결하려고 노력했던 한인이 거의 없다." (p. 255쪽)

"일본군대가 불법적인 행동을 했다는 것을 거의 듣지 못한 한인들은 어쩔 수 없이 지난날의 의구심을 버리고 새롭고도 훌륭한 시대의 선구자로서 그들을 받아들이지 않을 수가 없었다." (p. 263)

나라를 지키지 못한 데에는 일본에 책임이 있으나 스스로를 지키지 못한 조선에도 책임이 있으며 백성들이 그 시기에는 괜찮아 보였던 일본군을 지도층으로 받아들일 수밖에 없었던 상황이었다고 쓰고 있다.

이는 우리가 받아들이기 쉽지 않은 말이지만 당시 백성들이 사회의 지나친 부패로 인해 지도층에 대한 신뢰가 없었음을 말하고 있는 것이다.

당시 한국의 황제에 대해서는 이러한 말도 있다.

《한국의 황제》
"당시 왕은 철저한 친일분자로 구성된 내각에 둘러싸여 사실상 감금된 것이나 다름없었다. 몇 주일 동안 그는 미국 선교사들이 열쇠로 채워 보내주는 음식 이외에는 물 한 모금도 먹지 않을 만큼 독살을 두려워했다." (p. 439)

지켜줄 사람이 없어 러시아 공관으로 피신한 황제(아관파천), 황제를 지켜줄 사람이 왜 없었을까?

아마도 오랜 적폐에 찌든 양반 중심의 나라였던 대한제국 백성들은 나라에 대한 애정보다는 혼자라도 살아야 한다는 각자도생의 마음이 더 컸던 것으로 보인다.

그렇다고 조선이 경제적으로 부족한 사회는 아니었다고 하였다. 이는 매켄지의 『대한제국의 비극』의 내용과 동일한 시각이다.

《경제》
"경지면적에 대한 인구비는 일본이나 중국보다 적어 한국이 외국인에 대해 문호를 개방하지 않는 한 그들의 평균적인 생활 안정도 인접한 두 국가에 비해 높을 것이다.

거지란 거의 볼 수 없으며… 어디를 가나 쌀은 넉넉해 여비를 갖지 않고서도 여행을 할 수 있다고 한다. 동양의 어느 나라보다도 안정된 생활을 차리기가 수월하다." (p. 52)

"순수하게 경제적인 면에서만 본다면 대원군의 쇄국정책은 당연했으며 한국의 문호개방은 결과적인 면에서 볼 때 불행한 것이었다." (p. 52)

먹고살 만했는데도 망했다니? 어떻게 그런 일이… 못 살아서 망한 것이 아니었음을 이야기하고 있다.

한민족 미래를 위해 해야 할 일이 무엇이냐에 대해서는 교육과 나라를 지킬 능력을 갖추는 것이 중요하다고 하였다.

《한국의 장래》
"한국은 자기 민족이 자신을 정복한 민족과 대등하게 될 때까지 자기 민족에 대한 교육에 전념해야 하며, 순수한 인간성을 무기로 하여 일본인이 한국에 느끼고 있는 멸시를 상쇄할 능력을 갖추도록 노력해야 한다." (p. 578)

대한제국 멸망사는 대한제국멸망의 원인을 외국인의 객관적 시각에서 바라본 책으로서 그 중요성이 있다.

19세기 말 대원군과 명성황후 민비의 알력,
수구와 개혁파의 당쟁,
명성황후 시해 사건과 일제의 겁박,
믿을 데 없었던 황제의 아관파천,
착취에 찌든 백성들

나라를 스스로 지킬 능력이 없어 러·일 전쟁에 중립을 선언할 수밖에 없었던 대한제국, 결국 전쟁의 승자에게 나라를 빼앗긴 을사보호조약 등은 그 시대가 각자도생의 무지와 무기력의 시대였음을 보여준다.

특히 태평성세에
교육과 외교를 소홀히 여겼던 조선,
황제를 보호하지 못했던 군대,
백성의 삶을 어렵게 하였던 너무나 부패했던 특권 지도층과 양반,
나라를 잃은 조약에도 반감이나 저항 없이 조용했던 백성들,

그렇지만 경제적으로는 그래도 먹고살 만했다는 기록 등은 우리
에게 많은 교훈을 주는 내용들이다.

신박한 한국 사람과 한반도

해방 후 이념의 혼란과 경제적 성취

해방 후의 정치, 외교, 군사

일제치하 35년 동안 우리 역사는 단절되었다.

역사 단절로 인해 잃은 것은 무엇이었을까? 대한제국 – 조선총독부 – 미 군정부 – 대한민국의 정부 기능이 이어져 오는 과정을 살펴보면 잘 알 수 있다.

1910년 조선총독부는 대한제국의 소속 관서와 관료를 그대로 인정하고 수용하였다. 많은 조선인들이 조선총독부의 하부 조직에서 행정과 사법, 치안기능을 담당해 왔다.

1945년 해방 즈음의 조선총독부 공무원은 약 8만여 명이 있었는
데 그중 조선인은 3만 3천여 명에 달했다. 치안을 담당하던 조선인
들도 8천여 명이 있었다.

❖ 일제치하 조선총독부 ❖

조선총독부, 네이버『한국민족문화대백과』, 한국학중앙연구원 인용

"1910년 8월 29일 「한일합병조약」을 공포한 일제는 대한제국을 조선으로 개
칭하고 조선총독부를 설치하면서 다음과 같은 방침을 밝혔다.

③ 종래 한국 정부에 속한 관청은 내각과 표훈원(表勳院)을 제외하고는 총독
부 소속 관서로 간주하며 당분간 그대로 둔다.

'1905년 이후 한국 정부에서 근무한 관료들을 그대로 조선총독부의 관료로
임용하고 계급도 그대로 인정한 것은 이들을 회유하여 식민 지배를 안정화하
려는 목적도 있었지만, 이들 다수가 이미 일제에 대항할 의지가 없다는 판단
도 있었기 때문이다.

'1943년 당시 조선총독부와 소속 관서의 관리 수는 일본인 4만 7,153명, 조선
인 3만 3,813명으로 총 8만 966명이었고, 관리 가운데 경찰관이 차지하는 비
율은 일본인 1만 4,969명, 조선인 8,178명, 총 2만 3,138명으로 약 29%에 이
르고 있다."

1945년 해방 시 미 군정부는 조선총독부의 기능을 그대로 수용
하여 군정 업무를 수행하였다. 당시 주한 미군은 군정 경험이 없는
군대였기 때문이다.

1948년 정부 수립 시에는 미 군정부의 행정, 사법, 치안기능이 그

신박한 한국 사람과 한반도

대로 대한민국 정부로 넘어왔다. 새로운 정부를 만드는데 미 군정부의 기능을 활용하는 것이 가장 효과적이었기 때문이었다.

과거 대한제국의 행정, 사법, 치안기능이 식민지시대 일제 통치의 영향으로 축소되기는 하였지만 해방 후 대한민국까지 이어져 왔음을 알 수 있다. 오늘날 친일논란이 계속되는 것도 바로 이 때문이다.

그러면 대표적으로 없어진 것은 무엇이었을까?

1910년 한일합방 후 대한제국의 정치, 외교, 군사 분야는 일본에서 직접 수행하였다. 35년 동안 정치역량, 외교역량, 군사역량은 완전히 소멸되었다.

1905년 을사보호조약으로 외교권을 빼앗겼고
1907년 정미 7조약으로 군대가 해산되었으며
1910년 한일합병조약으로 국권(정치권력)이 일본으로 넘어갔다.
1919년 대한민국 임시정부가 수립되어 정치, 외교, 군사업무를 수행하였으나 그 역량은 미미하였다.

나라를 대표(정치)하고 교류(외교)하며 외침을 힘으로 막아내는 (군사) 국가안보기능이 모두 일본에 넘어가고 35년이 흐른 것이다.

해방 후 70여 년이 지난 오늘날까지도 정치, 외교, 군사 분야가 정체성을 찾지 못하고 혼란을 겪는 이유는 바로 여기에서 기인한다고 볼 수 있다.

해방 후 한반도에 정치, 외교, 군사역량을 가진 전문가는 미미하였다. 해보지 않은 새로운 이념의 나라를 새롭게 만들어야 하였다.

물론 임시정부와 소수의 광복군 및 독립군, 중국군, 일본군 및 만주군, 학도병 출신 등이 있었지만 한 나라의 정치, 외교, 군사력을 건설할 정도의 전문가들은 아니었다. 따라서 해방 후 정치, 외교, 군사 분야 건설은 미 군정부 정책에 절대 의존할 수밖에 없었다. 북한도 마찬가지였다.

봉건사회 - 군국주의 사회를 거쳐 준비 없이 해방된 한반도는 구시대의 이념과 새로이 도래한 서구의 공산주의, 자유민주주의 이념이 혼재되어 갈피를 잡지 못하는 극심한 혼란이 초래되었다.

이러한 문제들은 1950년 소련의 공산주의 팽창정책에 의해 강력하게 조직된 북한군이 3주면 통일시킬 수 있다고 오판하게 하고 혼란의 대한민국에 대해 6·25전쟁을 일으키는 원인이 되기도 하였다.

우여곡절 끝에 북한에는 공산주의, 남한에는 자유민주주의 사회가 정착되었다.

자유민주주의(개인주의)와 공산주의(전체주의)의 명암

우리 사회는 자유민주주의 사회이다. 자유민주주의 사회는 개인의 자유를 중시하는 사회로 개인주의 사회이기도 하다. "프리덤하우스는 자유민주주의를 국민의 자유를 보호하는 대의민주주의로 정의한다."[34] 개인주의는 개인의 독립과 자립에 가치를 두고 정치, 경제, 사회, 문화생활의 모든 영역에서 전체의 이익보다 개인의 이익을 우선하는 개념이다. 전체주의와는 대립하는 개념으로 이해된다.

우리나라는 언젠가는 하나로 통일되어야 하지만 아직도 북쪽에는 조선민주주의 인민공화국이라는 이름의 전체주의 사회가 있고 남쪽에는 자유민주주의 대한민국이라는 이름의 개인주의 사회로 분리되어 있다.

해방 후 북한은 공산주의 즉 전체주의를 택하였다.

전체주의란 용어는 "1930년대 후반 이탈리아의 파시즘, 독일의 나치즘, 일본의 군국주의 등을 가리키는 말로 사용되다가 2차 세계대전 이후의 냉전체제하에서는 주로 공산주의를 지칭"하게 되었다.[35]

---

34 「위키피디아」, '자유민주주의' 참조.
35 「네이버 지식백과」, 「두산백과」 참조.

일반적으로 전체주의는 개인의 이익보다 집단의 이익을 강조하여 집권자의 정치권력이 국민의 정치, 경제, 사회, 문화생활의 모든 영역에 전면적이고 실질적인 통제를 가하는 것을 말한다.

전체주의 사회는 전체의 힘을 잘 결집하고 대체로 군사력에 강점이 있다. 20세기 들어 전쟁을 일으킨 이탈리아, 독일, 일본 그리고 구소련과 중국, 베트남, 북한은 모두 전체주의 국가들이다. 그들은 강한 군사력을 바탕으로 2차 세계대전을 일으켰고 6·25전쟁을 일으켰다. 초기에는 강력한 군사력의 그들이 우세하였지만 경제력이 우세한 자유세계는 연합군으로 뭉쳐 이를 잘 막아내고 승리하였다.

공산주의는 1990년대 구소련의 해체와 함께 붕괴되었다. 공산주의가 망한 것은 다른 여러 이유가 있지만 가장 중요한 문제는 국민의 관점에서 개개인의 삶을 피폐하게 하였기 때문이었다. 이는 19세기 말 나라를 일본에 내어주고 멸망했던 대한제국이 양반들만 득세하고 평민들의 삶을 피폐하게 했던 관점에서 와도 같은 것이라고 볼 수 있다.

중국, 베트남, 북한은 변형된 공산주의, 전체주의를 여전히 유지하고 있지만 중국과 베트남은 개혁개방이라는 이름으로 자유경제를 받아들여 경제를 활성화하고자 노력하고 있다. 북한도 헌법에서 공산주의라는 말을 빼고 경제 활성화에 관심은 가지고 있지만 그들이 가지고 있는 체제상의 모순은 경제를 발전시키는 데 한계가 있음이 드러났다.

지난 세기를 돌아보면 자유민주주의는 국민 개인의 관점에서 자유롭게 번영하며 잘살게 하는 이념이었고 공산주의는 독재의 관점에서 통치하기에 좋은 이념이었음을 보여준다.

1975년 공산화 통일된 베트남의 2019년 기준 1인당 국민소득은 2,500여 불이다. 1975년에 북베트남에 의해 민족통일을 이루었지만 능력 있는 사람들은 나라를 떠났고 공산주의 이념의 전체주의적 요소들은 나라의 번영을 가로막았다.

통일된 베트남에서 호찌민은 민족사적 영웅으로 추앙되고 있지만 잘못된 이념의 나라를 만들어 국민을 살기 어렵게 만든 지도자이기도 하였던 것이다. 베트남의 통일은 민족사적으로는 의미 있는 일이었지만 살기 어렵게 된 베트남 국민들의 관점에서는 그다지 좋은 일로 볼 수 없었다.

북한이 못 살게 된 이유도 비슷하다. 북한정권이 1948년 수립되고 1950년 6·25전쟁이 진행되는 동안 북한의 종교인, 경제인 등 잘살고 능력 있는 사람들은 대부분 남한으로 피난을 왔다. 1949년 남한 인구가 2,019만 명이었는데 전쟁이 끝난 후 1955년 남한 인구가 2,153만 명으로 무려 140만여 명이 늘어난 것이다.[36]

---

36 박동찬, 『통계로 본 6·25전쟁』, 국방부 군사편찬연구소, 2014, p. 507.

이는 공산주의 사회에서 살 수 없었던 능력 있는 많은 북한사람들이 남한으로 내려왔음을 보여주는 것이고 북한이 살기 어렵게 된 배경이기도 하다.

자유민주주의 국가는 개인의 자유로운 삶과 번영에 강점이 있다. 그들은 개인의 행복과 번영을 도외시하는 전체주의적 이거나 국가주의적인 활동에 관심이 적다. 대체로 전쟁도 좋아하지 않는다.

그럼에도 자유민주주의 체제를 가지고 있는 서구사회는 나라를 지킬 수 있는 강력한 군사력이 필요하다는 국가적 공감대를 가지고 있다. 과거 로마시대로부터 1·2차 세계대전으로 이어져 오는 전쟁사의 경험은 자유와 평화는 거저 얻어지는 것이 아니며 예방과 억제를 위한 대비가 있어야 한다는 교훈을 갖게 하였기 때문이다. 그들은 국제평화를 위해 UN과 미국을 중심으로 연합전선을 형성하고 있다.

로마에서 미국으로 이어져 오는 서구 자유민주주의의 중심 가치는 개인주의와 다양성의 존중이다. 다양한 인종과 종교를 포용한다. 아울러 체제를 유지하는 데 많은 취약점도 가지고 있다. 그들은 확실한 법치와 지도층의 솔선수범으로 그 취약점을 보완해 왔다.

우리나라도 단일민족이란 말을 즐겨 쓰지만 실은 도교, 불교, 유교, 기독교 등 다양한 종교적 가치와 다양한 사람들이 모여 살아온

다원화된 사회이고 오늘날은 다문화사회가 되었다.

19세기 말 조선에 온 선교사들이 바라본 조선 사람들은 "개인적
으로는 자질이 뛰어난 사람들이었지만 관리들이 다 뺏어가는 통에
열심히 일하고자 하지 않았다."고 한다.

이 영리한 사람들은 열심히 일해 보았자 관리들만 좋은 일임을 잘
알았다. '일은 적당히, 술 한잔에 도박을 즐겨하였던 조선 사람'들의
일상은 봉건 신분제 사회 이념이 사회를 얼마나 병들게 하였는가를
보여준다.

오랜 봉건사회에서 일제강점기의 군국주의를 거쳐 1945년 식민지
해방 후에는 북쪽은 공산주의라는 매우 못사는 전체주의 사회가
되어졌고 남쪽은 자유민주주의라는 아주 잘사는 개인주의 사회가
되어졌다.

자유민주주의는 우리에게 무엇을 주었을까?

6·25전쟁에서 우리를 도와준 유엔군은 대부분 자유민주주의 이념을 가진 나라들이다.

그 나라들은 세계 상위의 경제력을 가진 나라들이기도 하다. 미국은 세계에서 가장 잘사는 나라이고 강력한 군사력을 가진 나라이다. 룩셈부르크는 1인당 GDP가 세계 제1의 나라이다. 영국, 호주, 캐나다, 뉴질랜드, 프랑스, 네덜란드, 벨기에, 스웨덴, 덴마크… 등 대부분의 나라들도 경제적인 번영을 누리는 나라들이다.

영리한 한국 사람들은 그들을 배우고 모방하며 경제를 발전시키고 한강의 기적을 이루어 냈다.

6·25전쟁의 폐허 속에 경제적 기적을 이룬 배경에는 자유민주주의라는 이념이 있고 한미상호방위조약과 한미동맹이라는 강력한 안전보장과 잘사는 자유민주주의 국가들의 지원이 있었다.

머리 좋고 다양한 재능을 가진 한국 사람들이 자유민주주의, 개인주의라는 이념적 가치관 속에 자유로운 경제활동을 하게 되자 나라를 세계 10위 전후의 잘사는 나라로 만들 수 있었던 것이다.

신박한 한국 사람과 한반도

과거 오랜 역사 동안 이루어보지 못했던 세계적 경제발전과 한류의 세계화는 자유민주주의 사회에 적합한 한국 사람이었기에 가능했다고 볼 수 있다.

남북한의 체제경쟁은 남한이 압도적으로 잘사는 나라가 됨으로써 사실상 끝났다고 볼 수 있다. 자유민주주의가 나라와 국민을 번영하게 하는 이념임이 대한민국의 기적을 통해 입증된 것이다. 물론 자유민주주의도 여러 문제를 안고 있다. 빈부의 격차가 대표적이다. 그런데 세계 어떤 나라도 빈부격차 없는 나라는 없다. 평등을 강력히 주장하는 공산·전체주의 사회도 빈부의 격차는 존재한다. 그 격차는 자유민주주의 사회보다 훨씬 더 심하다. 공산·전체주의 사회에 살았던 탈북 새터민이나 베트남인, 중국의 조선족 등이 한국에 오는 것은 자유민주주의 대한민국을 동경해서이다.

분명한 것은 자유가 오늘날 대한민국 번영의 원동력이었다는 점이다. 이 이념은 개인주의적인 한국 사람에 적합한 가치관이었고 뛰어난 한국 사람들의 능력을 잘 발현시키는 이념이었던 것이다.

세계적 경쟁력의
한국 사람과 교육

6·25전쟁이 끝나고 맥아더 장군은 "이 나라는 앞으로 100년이 지나도 복구되기 어려울 것이다."라고 하였다. 너무 많이 부서진 것이다. 하지만 한국 사람들은 40년 만에 한강의 기적을 이루고 70년 만에 세계 10위의 잘사는 나라를 만들었다.

어떻게 이런 기적이 일어난 것일까?

우리나라는 세계적 경쟁력의 좋은 인적자원을 가지고 있다. 19세기 한반도에 도착한 서양인들이 보았던 '건장하고 잘생긴 조선 사람', 일본이나 중국인들에 비해 '인지능력이 좋았던 조선 사람'은 바로 세계적인 경쟁력을 가지고 있는 한국 사람의 본 모습이었다.

신박한 한국 사람과 한반도

북방에서 내려온 사람들이 많았던 한국 사람은 동양인들 가운데 가장 큰 사람이었고 대두형으로 머리도 좋았으며 감각기관도 잘 발달한 사람들로서 다양한 재능과 적응력이 뛰어난 사람들이 많이 있었다.

우리 역사 속에는 을지문덕 장군, 강감찬 장군과 같이 대륙의 수십만의 군대를 궤멸시켜 물리친 장군도 있었고 이순신 장군과 같이 전쟁에 숙달된 섬나라 일본의 군대에 백전백승하기도 하였다. 활을 잘 쏘는 고구려 안시성의 양만춘 장군, 고려 처인성의 김윤후 장군은 당 태종과 몽골군 지휘관 살리타이를 사살하여 침략군을 물러나게도 하였다.

또한 경쟁력 있는 한국 사람들은 현명한 어머니들의 교육열로 분단과 폐허의 위기를 딛고 극복함으로서 참혹하게 부서진 나라를 40년 만에 잘사는 나라로 만들었다. 오늘날 한류의 확산과 경제, 스포츠, 기능올림픽 등에서 높은 성취는 한국 사람들의 선천적 경쟁력에 후천적인 교육과 노력의 결과에서 나온 것이었다.

해방 후 자유민주주의 체제를 받아들이고 자유로운 경제활동이 보장되자 스스로의 능력을 잘 발휘하여 자신도 잘살고 나라도 부강하게 하였음을 알 수 있다. 하지만 이러한 성취의 그늘 가운데에는 국가적으로 관심을 가지고 필히 해결해야 하는 과제를 발견할 수 있다.

바로 태평성세에 취해 전쟁의 참화와 유비무환의 교훈을 잊고 나라를 지키는 일을 경시한 문제이다.

소크라테스는 "너 자신을 알라."고 하였으며 손자는 "자신을 모르면 위태롭다."고 하였다. 우리의 위태로움은 자신을 모르는 것에 따른 위태로움인 것이다. 자신을 알아야 자신에 적합한 대응을 할 수 있는 것인데 그러지 못한 데 따른 위태로움이 아닌가?

한반도는 세계적인 인구밀도를 가지고 있는 곳이다. 이곳에는 심한 경쟁이 있고 그 경쟁에서 야기된 지나친 이기심은 눈앞에 자신의 이익을 위해 미래의 국가적 이익이나 과제를 도외시하는 일이 비일비재하게 일어난다.

지도층은 자신들의 이해를 앞세워 노블레스 오블리주를 소홀히 하고 일반 국민들은 자기밖에는 모른다. 더욱이 자신들의 생사와 국가 존망이 달린 나라를 지키는 일조차 경시한다. 자신의 이익을 우선하는 태평성세의 함정이다.

율곡 이이나 유성룡과 같이 도덕적이고 능력있는 지도층이 필요한 정치권에는 이권과 한탕을 노리는 사람들로 붐비고 서희나 이순신과 같이 고도의 전문성이 필요한 외교와 군사 분야에는 정치에 줄을 대서 한자리를 차지하려는 사람들로 넘쳐난다. 국민과 사회를 지키고 희생·봉사해야 할 분야인 정치·외교·군사 분야가 이권에 매몰되었다.

자신의 이익을 위해 국가의 이익을 도외시하고 현재의 이익을 위해 미래의 이익을 소홀히 하는 것이다. 지나친 당파문제나 국민안보 의식이 부족한 문제도 바로 여기에 기인한 것으로 보인다.

바로 대한제국 멸망 시 사적 이익에 골몰했던 양반과 백성의 부족한 부분이다.

해방 후 우리는 잘살기 위해 열심히 달려왔다. 한강의 기적이라 일컬을 만큼 경제적 성취도 이루었다. 이는 교육을 통해 한국 사람들의 강점을 잘 살리고 노력해온 덕분이다. 하지만 아직 우리가 스스로를 잘 지킬 수 있느냐는 면에서 보면 정치 지도층 선발이나 외교, 군사의 전문가 양성과 교육을 포함하여 해결해야 하는 부분이 많이 있음을 알 수 있다.

민족의 번영을 위해 잘하는 강점을 살리는 교육도 중요하지만 번영한 나라를 잘 지키기 위해 평시부터 우리의 지나친 이기심을 승화시키는 교육과 제도도 필요하다.

미래를 위해 우리가 무엇을 해야 하는지? 다시 돌아보아야 할 때가 되었다.

3부

전쟁사에서 보여진
한반도의 지리적 특징

'은둔의 나라'로 불린 조선

탁월한 독립성 그리고 교량적 위치

살기에는 좋지만 적응력이 요구되는 기후

한반도의 과거와 현재 그리고 미래

"지지지천(知地知天)이면 승내가전(勝乃可全)"

손자는 상대와 나를 아는 것(知彼知己)에 더하여 "지리와 천시를 알면 온전하게 이길 수 있다(知地知天 勝乃可全)."라고 하였다.

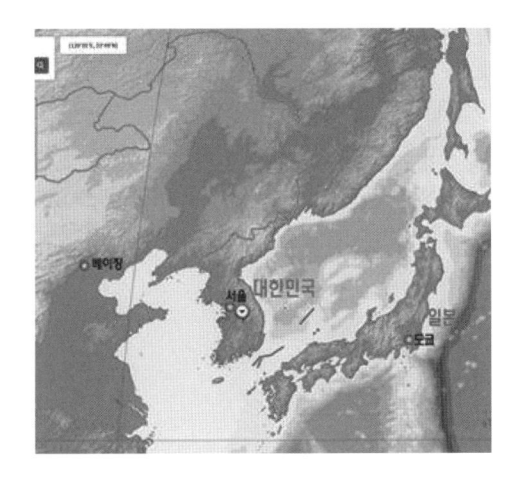

이는 지리(地利)와 천시(天時)의 나타난 현상을 그냥 아는 것이 아니라 상대적인 유리점과 불리점을 구분하여 아는 것을 말한다.

또한 온전하게 이길 수 있다는 말은

처한 상황별로
'유리한 장소와 유리한 때'를 인식하고 활용하며
'불리한 장소와 불리한 때'를 인식하고 회피하면
승리할 수 있다는 말이기도 하다.

우리의 전쟁사에서 잘 싸우고 크게 승리한 장군들은 한반도가 갖고 있는 지리와 천시의 유·불리점을 잘 인식하고 전쟁에 잘 활용하였음을 발견할 수 있다.

이들은 한반도 지리와 천시의 어떤 점들을 유·불리점으로 인식하였을까?

> 지리와 천시를 알면 전승이 가능하다.
> (知地知天, 勝乃可全)
>
> - 『손자병법』 10편 「지형(地形)」 -

'은둔의 나라'로 불린 조선

19세기 말 조선에 온 서양의 선교사들은 조선을 "은둔의 나라."[37] 라고 하였다. 그들은 왜 조선을 은둔의 나라라고 하였을까?

한반도의 지리적 존재가 서양에 처음 알려진 시점은 1254년으로 프란치스코 수도회 소속 선교사 '루브룩 윌리엄'이 원나라를 방문했을 때 쓴 '선교 보고서'[38]에서이다. 여기에는 "한반도가 바다 한가운데 섬으로서 겨울이 되면 얼어붙기 때문에 중국인들이 걸어서 간다."고 왜곡되어 기록되어 있다.

한반도가 반도 국가라는 것이 알려진 것은 1600년 초 이후 마테오 리치에 의해서이다.

---

37 William Elliot Griffis, 『Corea, the Hermit Nation』, 1889.
38 김상근, 『세계지도의 역사와 한반도의 발견』, 살림, 2004.11.

서구열강(해양세력)의 한반도 도착은 해상교통이 발달하는 18~19세기에 이르러서야 본격적으로 이루어진다. 왜냐하면 극동아시아는 서구에서 가장 멀리 있었으므로 아라비아해 – 인도양 – 동지나해로 연결되는 제한된 경로를 이용할 수밖에 없었기 때문이었다.

그 시기 이전에 한반도는 서양 지도에는 섬으로 표시[39]될 정도로 잘 알려지지 않은 미지의 땅이었다.

≡ 네덜란드, 조도쿠스 혼디우스(Jodocus Hondius), 1606

---

39 10세기의 아랍인들의 세계지도에는 신라가 섬나라로 표현되어 있다. 중세 이슬람의 지리학자인 이드리시의 세계지도(1154년)가 가장 오래된 한반도의 모습을 담고 있다. 서정철, 『서양 고지도와 한국』, 대원사, 1991, p.27.

신박한 한국 사람과 한반도

해상교통이 발달하게 되는 19세기에 이르러서야 한반도가 본격적으로 서구에 알려지고 서구열강이 한반도에 도착하였다. 그때의 조선은 서구열강에게 가장 멀리 있는 '은둔의 나라'였다.

한반도가 서구에 잘 알려지지 않은 이유는 바로 한반도 위치와 주변 지형에 기인한다고 볼 수 있다.

한반도는 아시아 대륙의 동쪽 끝단에 위치하고 있다.

한반도는 서양에서 보았을 때 지구의 정반대편으로 가장 멀리 있고 아시아 대륙의 동쪽 끝단에 위치한다. 또한 한반도의 동쪽은 일본을 사이에 두고 지구의 가장 넓은 바다인 태평양과 접한다.

(출처: 국토지리정보원)

과거 한반도는 실크로드의 끝에 위치해 있었다. 한반도로 들어가는 실크로드는 중국의 산해관[40] 일대와 만주(요동)를 경유하는 육상 경로와 바다를 이용하는 제한된 길뿐이었다.

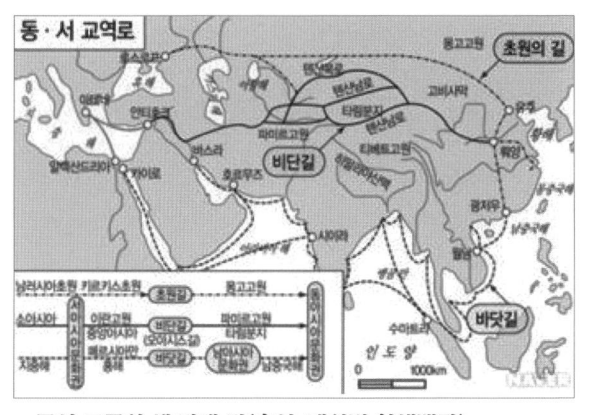

≡ 동서 교류의 세 갈래 길(출처: 네이버 학생백과)

따라서 과거에 한반도와 외부세계의 교류는 주로 중국과 만주, 일본에 있었던 제한된 나라들과의 교류로 국한될 수밖에 없었다.

조선은 "외교를 예조에서 담당하다가 대한제국 시기에 와서야 외교부를 만들었다."[41]고 한다. 아마도 열강이 도착하기 전까지는 지리적으로 교류할 나라가 많지 않았으므로 외교의 중요성을 느끼지 못했던 때문으로 보여진다.

---

40 산해관: 산과 바다 사이에 있는 길목이라는 뜻으로서 만리장성의 동쪽 끝에 바다와 접한 지역으로 중국에서 만주로 가는 길목에 있는 군사적으로 중요한 관문이었다., 「문화원형백과사전」.

41 H.B. 헐버트 저, 신복룡 역, 『대한제국 멸망사』, 집문당, 2019.11.01.

신박한 한국 사람과 한반도

탁월한 독립성
그리고 교량적 위치

| 한반도는 독립성이 특별한 지역이었다. |

요즘처럼 교통이 발달한 시대의 한반도는 세계와의 교류에 문제가 없지만 교통이 발달하지 않았던 시대의 한반도는 접근성이 좋지 않은 지역이면서 상대적 독립성이 뛰어난 곳이었다.

이는 한반도가 서양에서 가장 멀리 떨어진 극동아시아라 불리는 격오지역에 위치한 데다 사람이 많이 살지 않았던 척박한 만주와 삼면의 바다로 둘러싸여 있기 때문이었다.

한반도는 만주와 삼면의 바다로 둘러싸여 있다.

만주는 대륙과 한반도 사이의 완충지대이다.

한반도와 대륙 사이에 있는 만주지역은 춥고 척박한 땅으로 농업기술이 잘 발달하지 않았던 과거에 만주는 채집과 수렵, 유목의 땅이었으며 사람이 많이 살지 않는 땅이었다.

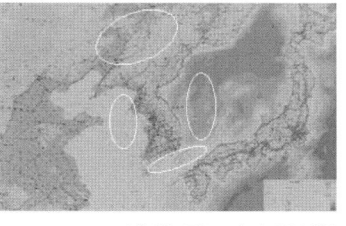

(출처: 국토지리정보원)

더욱이 만주의 주변 지역은 지형적으로 고비사막과 높은 산악, 시베리아 등으로 둘러싸여 있는 지역이다.

≡ 산해관: 만리장성의 동쪽 끝으로 만주와 연결되는 요지

신박한 한국 사람과 한반도

과거 아시아 대륙에서 한반도로 오기 위해서는 만주를 경유할 수밖에 없었다. 중국에서 만주로 오는 길은 만리장성의 동쪽 끝, 산과 바다가 만나는 곳이라는 '산해관'을 경유해야만 했다.

그 이유는 중국본토와 만주 사이에 대싱안링산맥이라는 높은 산맥으로 가로막혀 있기 때문으로 만주로 들어오기 위해서는 만리장성의 동쪽 끝 산해관을 경유하는 해안선을 따라 들어올 수밖에 없었기 때문이었다. 산해관은 만주와 관련하여 중국 역사에서 많이 등장하는 곳이기도 하다.

만주는 기후가 춥고 척박한 땅으로서 둥베이(東北) 평원과 주변 삼림으로 이루어져 있다. 농업기술이 발달하지 않았던 과거에는 제한된 밭농사와 채집과 수렵, 유목으로 살아가는 지역이었다.

만주는 한반도와 대륙과의 완충지대 역할을 하였다.

고구려를 침략하였던 중국의 수나라와 당나라군의 공격경로는 공통적으로 산해관 일대를 경유하는 제한된 육로와 서해를 건너는 바닷길이었다.

| 육로 : | 중국본토 | – | 산해관 | – | 만주(요동) | – | 압록강 | – | 한반도 |
| 해로 : | 산동반도 | – | 서해 | – | 압록강 또는 대동강 경유 | – | 한반도 | | |

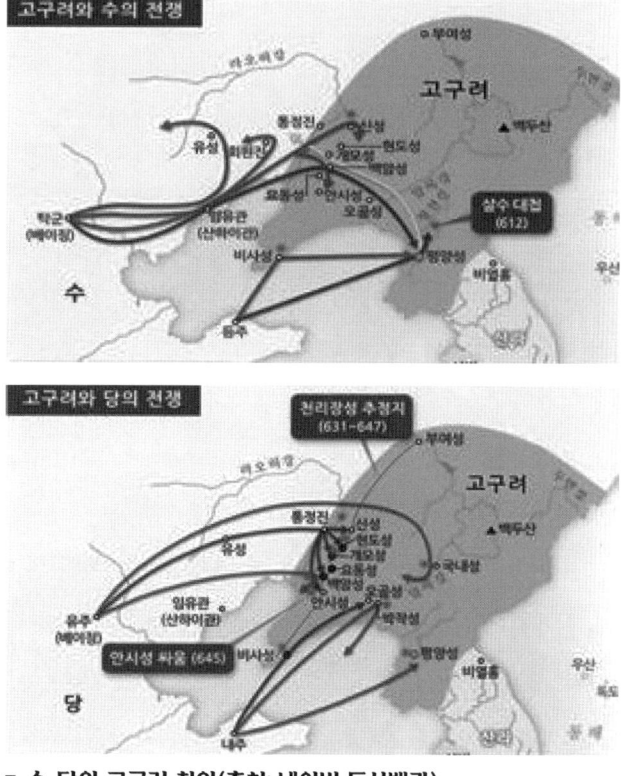

≡ 수·당의 고구려 침입(출처: 네이버 두산백과)

그렇다고 이러한 지형적 영향이 절대적으로 계속되는 것은 아니다. 지형적 장애를 극복할 수 있는 교통수단과 무기체계가 발달되어 왔기 때문이다.

만주지역의 지형적 장애가 극복되고 있음을 보여주는 것이 2차 세계대전 종전시기에 소련이 대일전 참전 시 만주와 한반도에 대한 대 일본전에서 볼 수 있다.

당시 만주의 일본군은 만주의 험준한 지형적 장애가 소련군의 공세를 어렵게 할 것으로 보았지만 소련군은 전격적으로 대일전에 참전(1945.08.09.~1945.08.15.)하여 7일 만에 만주 일대와 한반도 북부지역을 장악하였다.

≡ 2차 세계대전 소련군의 만주국과 북한지역 작전(1945.08.09.~08. 15)(출처: 네이버 위키백과)

한반도는 삼면이 바다로 둘러싸여 있다.

이들 바다는 제각기 다른 특징을 갖고 있다.

서해안은 세계적인 조수간만의 차가 있는 지역이고 수심이 낮은 지역으로 선박의 접안이 쉽지 않은 곳이다. 그럼에도 평양, 개성, 한양 등 한반도의 중심부가 서해안에 가까이 있으므로 중국 측의 상륙작전이 많았던 지역이었다.

삼국시대에 수당의 수군이 고구려의 평양이나 백제의 사비성 등을 탈취하기 위한 목적으로 대동강, 금강을 경유하여 공격하였고 조선말에 프랑스와 미국의 함대가 한강으로 이동하는 경로 상에 있는 강화도를 공격했던 병인양요, 신미양요, 6·25전쟁 시 인천상륙작전 등이 있었다.

≡ 나당전쟁(출처: 네이버 두산백과) ≡ 병인·신미양요(출처: 네이버 두산백과)

신박한 한국 사람과 한반도

전쟁 시마다 서해안을 이용한 상륙은 자주 시도되었지만 맥아더 장군[42]의 인천상륙작전 외에 공자(攻者)가 큰 성공을 거두었다는 기록을 발견할 수는 없다.

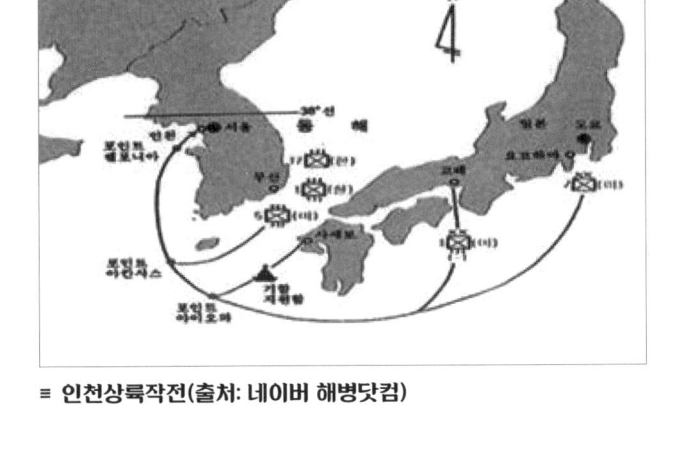

≡ 인천상륙작전(출처: 네이버 해병닷컴)

인천지역은 조수간만의 차와 갯벌, 낮은 수심, 제한된 수로 등으로 인해 상륙시간과 지역을 제한함으로써 상륙이 어려운 지역이었다.

당시 상륙은 밀물 때인 06시 전후와 17시 전후 하루 두 차례 만 가능했고 진입수로가 3~4곳에 불과하여 상륙 경로가 극히 제한되었다.

---

42 더글러스 맥아더(1880~1964), 미 육군참모총장 역임, 태평양전쟁에서 남서태평양 방면 사령관으로 승리하였고 6·25전쟁 시 극동군사령관, 유엔군사령관으로서 낙동강 전선에 몰린 상황을 인천상륙작전으로 일거에 역전시킴으로써 우리에게 잘 알려진 장군., 「두산백과사전」

따라서 당시 미 합참이나 극동해군에서는 인천지역이 북한군의 입장에서는 상륙에 대비하기 쉬운 지역이고 상륙하는 부대에는 많은 위험이 있는 지역으로서 '상륙군에 위험성이 크므로 성공확률이 5000대 1로 매우 어렵다'고 판단하고 인천으로의 상륙에 반대하였다.

이러한 위험성에도 인천상륙작전이 성공하였던 것은 맥아더 장군이 유엔군의 강점인 많은 수송수단을 활용하여 적이 예상치 못한 곳에 대한 기동이라는 역발상에 의한 기습과 치밀한 작전준비로 시간적 공간적 제한극복에 성공하였기 때문이었다.

서해안은 조수간만의 차가 크고 수심이 낮다는 특징과 갯벌 등으로 시간적 제한과 지형적 접근성의 제한을 주는 위험성이 큰 바다로서 과거의 전쟁에서 공자(攻者)의 상륙을 어렵게 하는 지역이었지만 방자(防者)의 방어는 유리하게 하는 지역이었음을 발견할 수 있다.

하지만 한반도의 중심부가 서부지역에 발달되어 있으므로 공자들은 이를 극복하고자 하는 노력을 해왔으며 오늘날에 와서는 공기부양정, 헬기 등 교통수단의 발달로 이러한 장애는 어느 정도 극복할 수 있게 되었다.

오늘날 북한군이 서해안에 공기부양정을 다량 보유하고 있는 것은 공격 시에 조수간만을 차와 갯벌 등을 극복하기 위한 목적으로 볼 수 있다.

남해안은 섬이 많은 다도해로서 복잡한 지형과 시간대별 다양한 조류로 인해 외부에서 들어올 때 길을 찾기 어렵고 조류의 복잡성에 쉽게 적응하기 어려운 곳이다.

남해안은 일본과 전쟁에 영향이 컸던 지역이었다.

이순신 장군은 임진왜란 때 남해안에서 상대적으로 우세한 일본 수군을 맞아 20여 회의 해전에서 모두 이기는 위대한 승리를 하였다. 그 배경에는 남해안의 유리점을 잘 이용하였던 탁월한 이순신이 있었다.

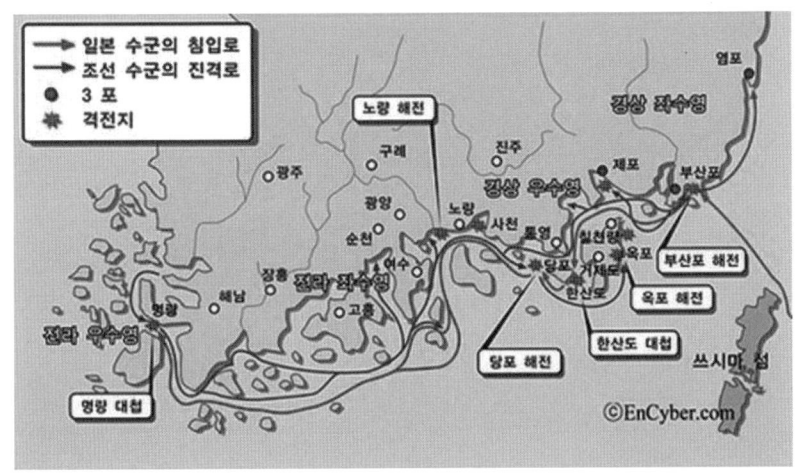

(출처: 뉴스앤 거제)

당시 조선의 배는 연안에서 운용하기 용이하게 만들어진 배였다. 수심이 낮은 곳에도 다녀야 했으므로 배 밑바닥이 평편하고 안정적이어서 회전력이 좋고 튼튼하다는 장점이 있었으나 속도가 빠르지 않은 단점도 있었다.

이에 비해 일본의 배는 섬나라의 깊고 넓은 바다를 다니는데 용이하게 만든 배였다. 배 밑바닥은 뾰족하고 가볍고 날렵하며 속도가 빠른 장점이 있는 반면에 약하다는 단점이 있었다.

이순신은 임진왜란에서 남해안의 특성에 맞게 만들어진 튼튼하고 안정적이며 회전력이 좋은 조선 배의 강점을 활용할 수 있는 방법을 사용하고자 하였던 것으로 보인다.

이순신은 조선 수군 선단의 이동 시에 거북선을 앞장세우고 가다가 적이 나타나면 거북선을 먼저 돌격시켜 싸우게 하고 그사이에 판옥선은 학익진을 펼쳐 포를 쏘면서 싸웠다. 거북선의 돌격은 속도가 빠른 일본 배들을 밀집시켰고 조선 배의 회전력은 포격의 연속성을 높였다.

1592년 7월 8일 한산도대첩은 조선 수군이 싸우기 유리한 한산도 앞바다로 유인하여 큰 승리를 거둔 해전이었고 1597년 9월 16일 명량해전은 13척의 배를 가지고 130여 척에 달하는 많은 일본군을 괴멸시켰던 대표적인 해전으로 울돌목의 유리점을 극적으로 이용하였던 해전이었다.

남해안의 많은 섬과 시간대별로 변화하는 조류, 복잡한 해안선은 이곳에 적합하게 만들어진 조선의 군선과 이곳에 익숙한 조선군에는 유리하였지만 큰 바다에 적합하게 만들어진 일본의 군선과 조류의 변화에 생소한 일본군에게는 불리하게 작용하였다.

임진왜란 20여 회 해전의 승리는 모두 연안에서 있었다. 왜 넓은 바다로 나가 싸우지 않았을까? 이에는 남해안의 상대적 유리점과 이에 특화된 조선 선박의 강점을 인식하였던 탁월한 이순신이 있었음을 알 수 있다.

동해안은 해안선이 단조롭고 수심이 깊어 항구가 잘 발달하지 않은 지역이다.

러시아와 일본 방향의 해안으로 동해의 넓은 바다를 끼고 있고 한반도의 중심부인 평양, 서울 사이에 낭림산맥과 태백산맥이 가로막고 있어 접근성이 좋지 않다. 따라서 과거 동해안을 이용한 군사작전 활용도는 그다지 높지 않았다.

1945년 8월 13일 북한지역으로 진입하던 소련군이 청진을 통해

상륙하였고 6·25전쟁 시에 북한군이 옥계, 임원진으로의 상륙이나 북진작전 시 유엔군의 원산상륙작전 등이 있었다. 하지만 이들 상륙은 전쟁의 승패에 큰 영향을 미치지는 못하였다.

≡ 6·25 남침 시 북한군 상륙   ≡ 북진작전 시 원산 상륙

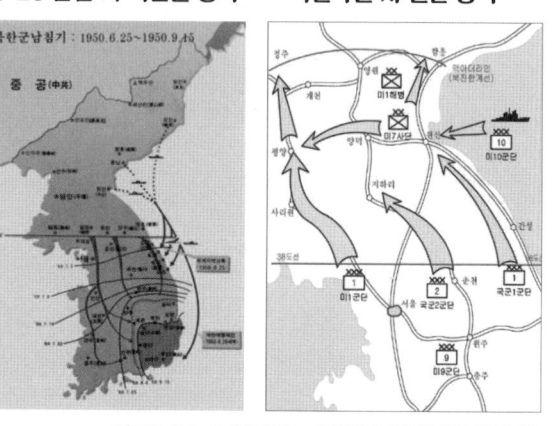

(출처: 『6·25전쟁사』, 국방부 전사편찬위원회)

그 이유는 낭림산맥, 태백산맥이 내륙으로 이동을 어렵게 함으로써 그들이 필요로 하는 시간 이내에 서울이나 평양 등 핵심지역에 이르는 목적을 달성하기 곤란하게 하였기 때문이다.

동해안은 낭림산맥, 태백산맥을 이용하고자 하는 소규모 비정규전 부대의 상륙에 주로 활용되었다.

독도는 일본이 러·일 전쟁(1904)에서 사용해본 후에 자국 영토로 주장하기 시작하였는데 이는 독도가 동해의 중앙에 위치하여 해상

신박한 한국 사람과 한반도

작전에서 중요한 지역이었기 때문이다.

　독도는 우리의 입장에서 러시아나 일본 등과의 해상 군사작전에 중요한 지역이다.

　인공위성, 공중 및 해상 교통수단, 미사일 등 장거리 화력운송수단 등 군사과학기술의 발달이나 러시아, 일본과의 역학관계 변화 등에 따라 미래로 갈수록 동해안이나 독도의 군사적 가치는 달라지게 될 것으로 보인다.

한반도 내부 지형은 회랑[43] 형과 소구획 형의 특징이 있고 횡적산맥과 횡적하천이 잘 발달되어 있다.

과거 고려시대 거란이나 몽골의 침입경로, 조선시대 정묘·병자호란 시 청나라의 침입경로는 모두 서부지역의 신의주에서 한양에 이르는 경로이다.

(출처: 네이버 두산백과)

한반도로 진입하는 데는 한반도 북동부가 산악 지형으로 기동이 제한되었으므로 북방민족의 침입은 한반도 서부지역을 주로 이용할 수밖에 없었다. 이 지역은 회랑형 지형으로 기동로가 한정되어 있음에 따른 불가피한 선택이기도 하였다. 따라서 과거 우리의 선조들은 이들의 침입경로인 회랑을 따라 성을 쌓고 전쟁에 대비하였다.

---

43 넓은 공간 중에서 제한된 폭과 길이, 고도로 한정된 좁은 공간., 「군사용어대사전」.

신박한 한국 사람과 한반도

또한 한반도의 산지는 노년기 지형으로 오랜 침식을 받아왔다. 따라서 해발고도는 높지 않으나 지형기복은 심한 소구획형의 형태를 띠고 있다. 소구획형 지형은 기동에 다소 장애를 주기는 하지만 도보부대의 극복은 가능한 산지이다. 6·25전쟁시 북한군과 중공군은 유엔군의 항공관측과 화력을 회피하기 위해 소구획형 산지를 이용하여 야간기동을 하거나 야간공격을 많이 하였다.

횡적산맥과 횡적하천은 전쟁에 많은 영향을 미쳤다. 한반도에는 횡으로 발달된 산맥과 하천이 많이 있어 공격하는 대부대에는 많은 장애가 되었고 방자(防者)에 유리하게 작용하였다.

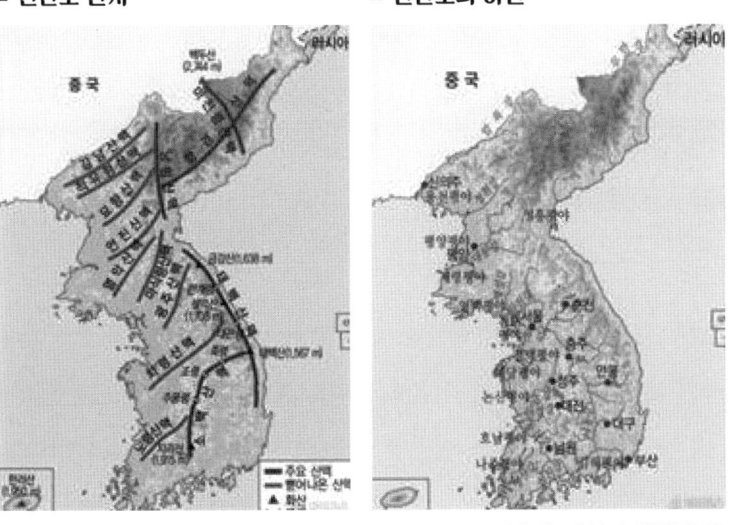

≡ 한반도 산지　　　**≡ 한반도의 하천**

(출처: 네이버 학생백과)

따라서 우리 선조들은 외적의 침입이 예상되는 회랑지형의 주요 경로상의 횡적하천과 횡적산맥을 이용하여 장성과 산성을 쌓고 청야입보(淸野立保), 이일대노(以逸待勞), 유인격멸(誘引擊滅) 개념으로 '강한 적을 지형의 장애를 이용하여 전투력을 약화시킨 후에 유리한 지역으로 유인하여 물리치는 전략'을 구사하였던 것이다.

이 전략으로 승리한 전쟁이 바로 을지문덕 장군의 살수대첩이고 강감찬 장군의 귀주대첩이었다.

≡ **고구려의 장성**

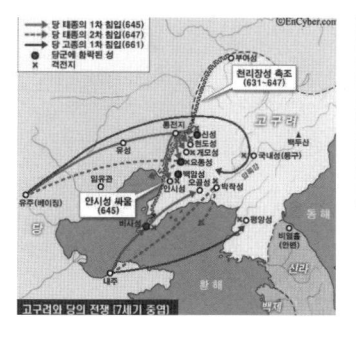

≡ **고려의 장성**

(출처: 네이버 한국민족문화백과)

또한 조선시대의 진관제도나 임진왜란 시 소백산맥의 조령이라는 천혜의 지형을 이용하여 왜군을 막아내고자 하였던 제승방략도 바로 횡적산맥의 유리점을 이용하고자 하는 개념의 연장선상에 있으며 현대전인 6·25전쟁에서의 지연작전도 공간을 양보하되 상대의 전투력을 약화시키고 시간을 얻는다는 한민족 전통의 유인격멸전략과 유사한 개념이라고 볼 수 있다.

신박한 한국 사람과 한반도

특히 고려시대에 세기의 대제국 몽골의 6차례 침입 시에 강화도로 수도를 옮기고 한강과 염하[44](강화해협)를 이용하여 30여 년간이나 막아냈던 것이나 6·25전쟁 지연작전에서 하천선 전투를 이용하여 지연시킬 수 있었던 것 그리고 공자가 공통적으로 느꼈던 도하장비의 중요성 등은 바로 많은 횡적하천이 우리에게 유리하게 쓰였기 때문이었다.

≡ **2021.12 염하수로(강화해협) 모습**

횡적하천과 횡적산맥은 방자에게 유리한 방어선으로서 작용하였고 공자에게는 장애물로써 극복을 위한 많은 준비 소요를 야기시켰던 것이다.

---

44 염하: 강화도와 김포 사이에 있는 남북방향의 좁은 해협이다. 폭이 좁은 곳은 200~300m 넓은 곳은 1km 정도이고 길이는 약 20km이다. 물살이 거세고 수심이 얕아서 썰물 때는 바닥이 드러나기도 한다. 근세까지 한강과 북한 신의주까지 오가던 뱃길이었다. 대몽항쟁, 병자호란, 병인·신미양요의 격전지이기도 하다. −네이버 지식백과 참조−

한반도에는 백두대간이라는 낭림산맥, 태백산맥, 소백산맥 등 종적산맥도 발달하여 있다

종적산맥은 공격하는 도보부대나 비정규전 부대의 기동 및 활동 공간으로 유리하게 활용되기도 하였다. 방자의 방어에는 대체로 불리하게 작용하였다.

6·25전쟁에 개입하였던 중공군의 사령원 펑더화이(彭德懷)[45]는 구식군대를 가지고 압록강까지 진출하였던 현대식 군대인 유엔군을 낭림 및 태백산맥의 종적산악을 이용하여 공격함으로써 순식간에 38도선으로 밀어 내렸다.

그들은 주로 야간에 산악지역을 이용하여 대량의 병력을 제파식[46]으로 투입하여 유엔군 총알이 떨어질 때까지 반복적으로 공격하였다. 유엔군들은 이들의 비인간적인 공격에 너무나 공포스러워했는데 이를 중공군이 파도처럼 제파식으로 밀려온다 하여 '인해전술'이라 하였다.

펑더화이는 적장이었지만 도보병력인 구식군대에서도 강점을 찾고 종적으로 발달한 낭림·태백산맥의 유리점을 찾아 활용할 줄 알

---

45 펑더화이(1898~1974), 6·25전쟁 당시 중공군의 지휘관으로 중화인민공화국의 군인, 정치가이다. 중국 10대 원수 중 한 사람으로 국방부장관을 역임하였다., 「위키백과사전」.

46 제파식 공격: 공산권 국가들의 전술로서 1제파, 2제파, 3제파 등 반복적으로 공격하여 상대가 대비하지 못하도록 하는 전술이다.

신박한 한국 사람과 한반도

왔던 장군으로서 맥아더만큼이나 대단한 지휘관이었다.

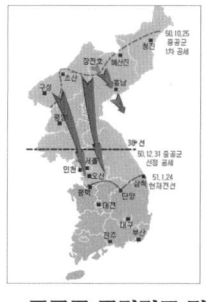

≡ 중공군 공격경로 및 빨치산 활동지역(출처: 인천상륙작전 기념관)

북한군은 태백산맥과 차령산맥 소백산맥 등을 이용하여 제2전선을 형성하는 데 이용하기도 하였고 항공력이 우수한 유엔군을 회피하기 위하여 주로 야간에 이동하고 공격하였다.

한반도에 종적으로 발달한 낭림 및 태백산맥, 소백산맥은 모두 험한 산이기는 하지만 도보병력의 기동이 가능한 산맥이고 울창한 삼림은 현대식 감시장비하에서도 은폐 엄폐를 가능하게 한다. 또한 소구획단위로 되어있는 한반도의 산지는 야간이동 및 공격 시 효과적인 은폐와 엄폐를 제공하는 유리점이 있었다.

현대의 북한군이 미사일이나 핵, 기계화부대 등 과학기술의 현대전에 대비하면서도 20여만 명의 재래식 특수전 부대를 양성하고 유지해 온 것은 6·25전쟁의 교훈을 통해서 얻어진 산물로서 종적산맥과 소구획형 산지의 유리점을 이용하고자 하는 것으로 볼 수 있다.

뛰어난 독립성이 주는 유·불리점

해상교통이 발달하기 이전 시대의 한반도는 서양과 동양의 중심부에서 멀리 떨어져 있는 데다 척박한 만주와 3면의 바다로 둘러싸여 지형적 접근성이 떨어지는 지역이었다.

만주와 삼면의 바다는 한반도의 완충지대였으며 내륙의 횡적산맥과 하천은 나라를 지키는 데 훌륭한 장애물이었다. 요동은 중국의 북경과 고구려의 평양과 관련한 전략적 요충지였으며 쓰시마는 일본과의 사이에 있는 징검다리였다.

이 시기에 한반도 나라들의 외교 및 군사관계는 주로 같은 지역에 위치한 중국, 만주, 일본의 나라들에 국한되었다. 그들이 한반도를 침략하기 위해서는 만주와 바다를 건너야 하였다. 바로 원정군이었던 것이다.

우리 선조들은 원정군의 약점과 우리의 지리적 유리점을 잘 이해하고 여기에 맞는 '유인격멸'이라는 군사전략으로 강력한 주변국의 침략으로부터 나라를 잘 지켜내었다.

고구려 을지문덕 장군의 살수대첩이나 고려 강감찬 장군의 귀주대첩, 이순신 장군의 한산도대첩은 만주와 바다를 건너와야 하는 원정군의 약점과 한반도의 유리점을 정확히 이해하고 우리가 싸우

신박한 한국 사람과 한반도

기 유리한 곳으로 유인하여 승리하였던 전쟁이었다.

또한 고려시대, 세기의 대제국인 몽골의 침입에 수도를 강화로 옮기고 수행한 30여 년 대몽항쟁의 성공에는 한강과 염하(강화해협)의 유리점을 잘 인식하고 활용하였던 전문성 있는 무인들이 있었다.

한반도 전쟁사에는 을지문덕, 강감찬, 이순신, 고려시대 무인 등과 같이 한반도의 공간적 시간적 유리점을 잘 파악하여 승리한 뛰어난 전문가가 있었다. 이들이 바로 한반도 오랜 역사의 원동력이었다.

하지만 조선시대 이후 한반도는 뛰어난 지리적 독립성에 더하여 태평성세가 오랫동안 지속함으로써 이 땅의 사람들은 도전에 단련되지 못하였다.

그들은 한반도의 유리점을 잘 이해하지 못하고 이를 어떻게 활용해야 할지도 몰랐다. 대비 부족에 대한 반성보다는 주변 강대국과 지정학적 위치의 불리함만을 핑계로 내세웠다. 대부분의 전쟁지도부와 장군들도 과거의 군사적 노하우를 잘 계승하지 못하였고 나라 지키는 일을 소홀히 하였다.

전문성이 필요한 곳에 숙달된 전문가는 없었다.

현대에 들어오면서 초고속 교통 및 통신수단의 발달로 세계화·정보화시대, 우주시대를 맞아 시간과 거리가 단축되고 있어 지형적 장애를 느끼기 어려운 시대가 되었다. 하지만 재래식 군사작전에서 지형적 장애는 여전히 중요한 요소이며 실제 전장에서도 크게 작용하고 있다.

근·현대의 초강대국인 영국, 소련, 미국 등이 산악의 나라인 아프가니스탄과의 수십 년 전쟁에서 고전을 면치 못하였고 여전히 해결하지 못한 채 철수하였음은 세계화·정보화 사회의 현대전에서도 지형적 요소가 여전히 큰 영향으로 작용하고 있음을 보여주는 것이다.

과거 우리의 역사에서 위대한 장군들이 전쟁에서 활용하였던 한반도의 지리적 유·불리점은 지금도 여전히 작동하고 있다. 이를 잘 식별하고 활용하는 것은 미래를 위해 대단히 중요한 일이다.

신박한 한국 사람과 한반도

| 해양과 대륙의 교량적 위치 |

한반도는 동북아에서 해양과 대륙의 교량적 위치에 있다고 말한다.

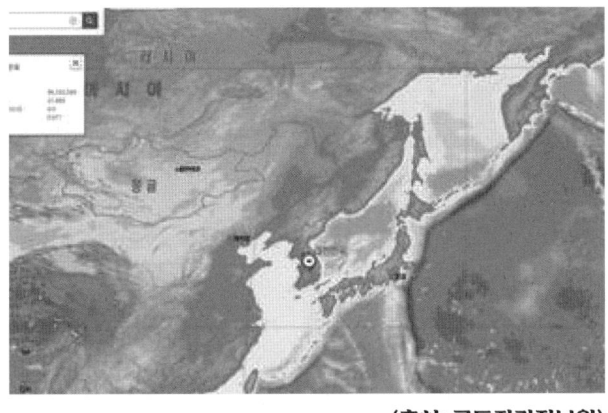

(출처: 국토지리정보원)

이 말은 해양과 대륙의 세력이 볼 때 자신들의 주변에 있는 한반도가 교량적 위치로서 통로와 교류, 완충지대적 가치가 있는 지역이라는 말이었다. 힘의 논리이다.

삼국시대에는 중국의 발전된 문물을 일본에 전했던 교량,
고려시대에 몽고가 일본을 정벌할 때의 교량,
조선시대에 일본이 명을 정벌하고자 하였던 때의 교량,
청과 러시아가 일본과 싸울 때의 교량,
6·25전쟁 때 이념 대결장으로서 교량,
현대에는 해양세력의 기술을 대륙에 전하는 교량 등이다.

평화 시에는 문명국의 발전된 문물이 전해지는 교량이었고 전쟁 시에는 강대국의 군사력을 투사하는 교량이었다. 그들은 한반도가 문화·안보·경제 분야 등에서 그들의 교량적 역할을 해왔다고 한다.

이 말은 우리의 관점이기보다는 해양과 대륙에서 바라본 관점으로서 해상교통이 발달하면서 세계열강이 한반도 주변에 도착했을 때, 한반도에 스스로 나라를 지킬 힘이 없을 때인 19세기에 나온 말이다.

우리가 중심이 아니라 해양과 대륙의 주변부로서 교량적 위치였음을 말하는 것이었다.

과거 역사에서 한반도의 교량적 조건은 주변국의 관심지역으로서 경제·문화적으로는 유리하게 이용할 수 있었으나 안보적으로는 스스로 지킬 힘이 없을 때 불리하게 작용하였음을 보여준다.

신박한 한국 사람과 한반도

군사안보적 관점에서 보는 한반도

근세에 이르러 해상교통이 발달하면서 서구열강이 극동아시아에 도착하고 일본이 득세하면서 당시 도전과 응전에 단련되지 못했던 조선과 대한제국은 힘의 한계에 봉착하여 한때 일본의 식민지가 되었다. 이때의 한반도는 해양과 대륙세력, 일본과 청나라, 러시아의 관점에서 해양과 대륙의 교량적 위치라는 가치로 보여졌다.

요즈음에 미국은 한반도를 중국과 일본 사이의 린치핀[47]으로 그 중요성을 표현하고 있다.

이러한 인식들은 우리의 관점이 아니라 그들의 관점이다.

이는 한반도가 주변 강대국과 미국이 관심을 갖는 지정학적 가치가 있는 지역이라는 뜻이기도 하고 그 가치가 시대적 상황이나 힘의 우열에 따라 달라짐을 보여주는 것이다. 한반도의 지정학적 가치는 고정불변인 것은 아니다.

---

47 린치핀(linchpin): 마차나 자동차의 바퀴가 빠지지 않도록 축에 꽂는 핀을 가리킨다. 비유적으로 핵심이나 구심점을 뜻하기도 하며 외교적으로는 꼭 필요한 동반자라는 함의를 갖고 있다., 「한경경제용어사전」.

중국 사람들은 한반도 북부지역을 '순망치한(脣亡齒寒)'이라는 말로 완충지대로서의 중요성을 말하곤 했었다.

그들이 말하는 '순망치한'은 중국의 수도 북경을 둘러싼 '지형의 형상을 가지고 표현하는 말'로서 이는 자국의 수도인 북경과 관련하여, 요동을 이빨, 북한을 입술이라고 보는 것이며 안보적 관점에서 하는 말이다.

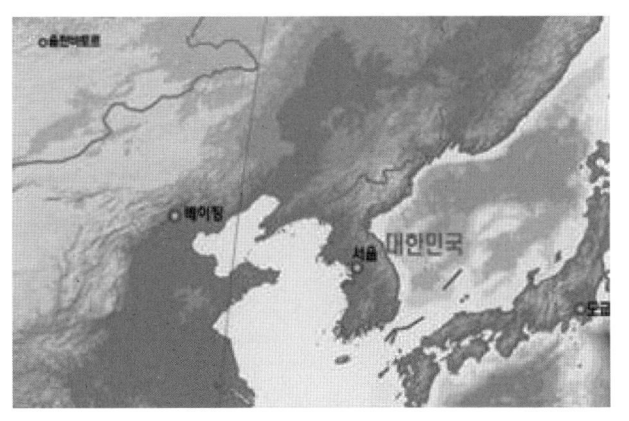

(출처: 국토지리정보원)

이는 우리나라 서해안 위쪽의 발해만 깊숙한 곳, 해안에서 멀지 않은 곳에 중국의 수도인 북경[48]이 있고 이를 보호하는 전략적 요충지 요동이 있으며 그다음에 요동을 감싸는 북한이 있는데 북한지역에 적대세력이 들어오면 자신들의 안보에 위협이 된다는 생각이다.

---

48 중국의 수도, 과거 원, 명, 청나라의 수도이기도 했음.

신박한 한국 사람과 한반도

요동은 삼국시대부터 우리 역사에서 많이 등장하는데 이는 비옥한 땅이라는 경제적 이유 이외에 중국의 수도 및 본토와 관련한 안보적 중요성이 있는 지역이기 때문이었다.

요동은 우리의 입장에서도 평양 및 북한지역 안보와 관련한 중요한 요충지이기도 하다.

임진왜란 시 일본이 평양성을 점령했을 때 명나라 군대가 조선을 지원했던 것, 6·25전쟁 시 유엔군이 평양을 점령했을 때 중공군이 북한을 지원했던 것 등은 모두 전쟁이 자국 영토로 확대될 것을 우려했던 안보적 이유였다고 볼 수 있다.

최근 중국학자들이 "북한지역을 폭격하는 것을 용인할 수 있지만 한·미연합군이 북한지역으로 올라온다면 중국군이 개입하게 될 것."이라고 공언하는 것도 역사의 연장선상에서 한반도 북부가 그들에게 안보적인 완충지대로서 우호적인 정권이 유지되기를 바라기 때문이다.

역사적으로 중국에 있었던 나라들은 한반도에 대한 지배야욕을 지속적으로 가지고 있었다. 한사군, 당의 안동도호부, 원 간섭기의 쌍성총관부 등이 그것이고 최근 중국의 동북공정도 역사의 연장선상에 있다.

일본 사람들은 한반도가 "그들을 겨누는 칼"과 같다고 한다.

이는 한반도의 형상이 그들이 봤을 때 칼처럼 보인다는 말로서 한반도를 대륙으로 오가는 길목으로 여겼다.

섬나라 일본의 한 면은 세계에서 가장 넓은 태평양을 끼고 있으며 대륙과 가깝게 연결되는 곳은 한반도이다.

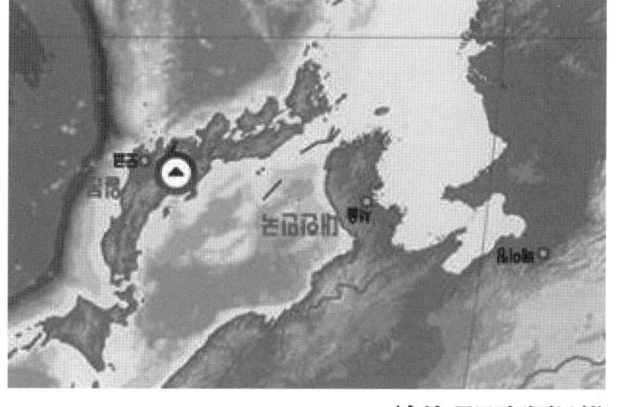

(출처: 국토지리정보원)

일본은 그 어떤 나라보다도 독립성이 뛰어난 곳이다. 일본은 역사적으로 재난은 많이 있었지만 외침을 받은 적은 거의 없었던 나라이다.

고려시대 대륙의 몽골군이 한반도를 경유하여 2차에 걸쳐 일본을 공격하였을 뿐인데 신풍(神風)이 그들을 지켜주었다고 생각한다. 몽

신박한 한국 사람과 한반도

골군이 일본을 정벌하기 위해 건너올 때 그들의 공포는 대단하였다. 또한 일본은 20세기 들어서 태평양전쟁을 일으켰었지만 일본 본토에서 직접적인 전쟁은 없었다.

일본의 입장에서 한반도는 대륙과의 관계에서 일본과 대륙 사이의 교량과 같은 역할로 중요하게 인식되었다.

역사적으로 일본인들은 한반도 남부에 대한 야욕을 지속적으로 표출하였다. 일본 일부학자들이 4~6세기에 일본이 한반도 가야 땅에 임나일본부를 설치하고 백제와 신라를 통치했다고 주장하는 '임나일본부설'이나 임진왜란 시 '조선의 남부 4개도 양도'를 요구했던 사례, 근세에 힘이 커진 일본이 한반도를 식민지로 하고자 하였던 것 등은 모두 일본인들이 한반도를 안보적인 면에서 중요시하였고 영토적 야욕도 가지고 있었음을 보여주는 것이다.

❖ **임진왜란 화의 시 도요토미의 요구사항** ❖

네이버 지식백과, 임진왜란,『한국민족문화대백과』, 한국학중앙연구원 인용

심유경이 일본군과 같이 도요토미의 본영에 들어간 뒤 2, 3년간 사신이 왕래했으나 화의는 결렬되었다. 도요토미는 명나라에 대하여
① 명나라의 황녀를 일본의 후비(後妃)로 삼을 것
② 감합인(勘合印: 貿易證印)을 복구할 것
③ 조선 8도 중 4도를 할양할 것
④ 조선 왕자 및 대신 12인을 인질로 삼을 것을 요구했고 붙들려 갔던 임해군과 순화군을 돌려보냈다.

한반도 북부는 중국의 입장에서 완충지대로 필요하다고 생각하고 남부는 일본의 입장에서 완충지대로 필요하다고 생각하는 지역이다. 즉 한반도는 주변국들이 그들의 안보에 중요하게 생각하는 가치가 있는 지역이기도 한 것이다.

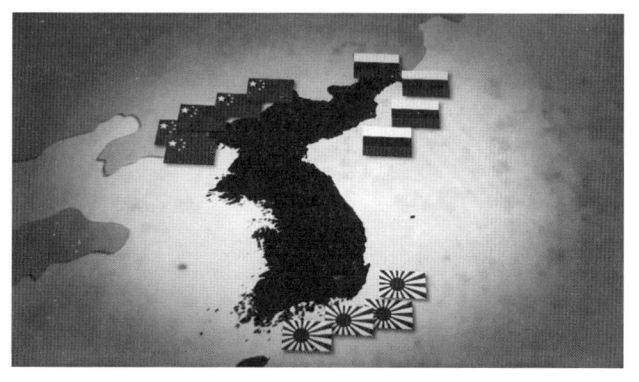

≡ 한반도 주변의 중·일·러(출처: 전쟁기념관)

현대의 미국사람들은 한반도를 '린치핀'으로 표현하고 있다. 린치핀은 마차의 바퀴와 수레를 연결하는 핀을 의미한다. 이는 한반도가 중국과 일본 사이, 해양과 대륙 사이의 린치핀과 같은 역할을 하는 중요한 지역이라는 의미이다.

미국에게 있어서 과거 전쟁의 상대였고 미래 잠재적 경쟁자인 세계 2~3위의 중국과 일본을 견제하는 것은 대단히 중요한 일이다.

과거에 한반도가 냉전시대에 이념의 첨단지역이었다면 현재의 한

신박한 한국 사람과 한반도

반도는 이들 사이에서 견제와 균형을 유지하는 데 중요한 역할을 하는 곳이라는 생각인 것이다. 이는 우리의 경제나 군사적 위상이 높아졌다는 의미이기도 하고 미국과 함께 이 지역의 평화를 유지하는 균형자적 역할을 수행할 수 있게 되었음을 의미하기도 한다.

역사적으로 우리나라는 주변의 강력한 나라를 대적하는 데 있어 우방국과의 동맹으로 위협을 견제하였다. 신라와 백제, 신라와 당나라, 고려와 송나라, 조선과 명나라 등이 그러했고 오늘날은 미국과 동맹관계를 맺음으로써 중국과 일본 사이에서 주변국과 북한의 위협으로부터 안전을 도모하고 있는 것이다.

주변국이 우리 한반도를 중요시 여긴다는 것은 안보적 위협이 상존하는 불리점이기도 하고 우리의 외교적 군사적 지평을 넓히는 데 유리한 점이기도 하다.

청·일 전쟁과 러·일 전쟁의 싸움터였던 한반도

구한말에 스스로 지킬 힘이 부족했던 한반도는 해양세력과 대륙세력의 각축장이 되었고 청·일 전쟁(1894)과 러·일 전쟁 (1904)의 전쟁터가 되었다.

≡ 청·일 전쟁과 러·일 전쟁(출처: 네이버 지식백과)

당시 조선과 대한제국은 중립을 선언하고 주변 강국이 우리 땅에서 패권을 위해 싸우는 모습을 무기력하게 바라볼 수밖에 없었다. 나라를 스스로 지킬 수 있는 역량이 없었기 때문이었다.

힘없는 중립은 아무 소용이 없었다.

신박한 한국 사람과 한반도

청·일 전쟁, 러·일 전쟁에서 승리한 일본은 시모노세키조약[49], 포츠머스조약[50]에서 요동, 대만, 사할린 등을 할양받고 조선에 대한 우선권을 인정받음으로써 대륙진출의 기반을 마련하였고 스스로 지킬 힘이 없었던 조선은 일본의 식민지가 될 수밖에 없었다.

우리는 종종 이러한 일이 일어난 이유를 한반도가 교량적 위치이라는 점과 주변국에서 찾는다.

하지만 이 시대 문제의 본질은 한반도의 지정학적 불리점이나 주변국의 문제보다는 태평성세의 시간 동안 도전과 응전에 단련되지 못하고 외부의 침략으로부터 나라를 지킬 수 있는 역량을 갖추지 못한 문제와 조선의 지도층이 내부의 문제에 한반도에 대한 영토적 야심을 가지고 있는 외세를 끌어들여 해결하고자 했다는 데 있었다.

바로 이곳에 사는 지도층이 무능하고 무기력하고 안이했기 때문이었다.

교량적 위치라는 지정학적 문제는 교통수단의 발달과 상대적 힘의 우열 등 시대적 상황에 따라 유리점이 될 수도 불리점이 될 수도 있는 것이기 때문이다.

---

49 청 · 일 전쟁 후 1895년 4월 17일 일본 시모노세키에서 청과 일본 사이에 체결한 조약으로 일본의 조선에 대한 지배권 확립, 요동반도 영토분할 등이 포함되어있다., 「두산백과」.
50 러 · 일 전쟁 후 1905년 9월 5일 미국의 포츠머스에서 러시아와 일본 사이에 체결한 조약으로 일본의 조선에 대한 지도보호감리조치 승인 등이 포함되어 있다., 「한국민족문화대백과」, 한국학중앙연구원.

❖ 시모노세키조약 ❖

시모노세키조약, 네이버「21세기 정치학대사전」인용

1895년 4월 17일에 하관에서 조인, 5월 10일 발효되었다. 정식명칭은 '청·일 양국강화조약'이다. 1894년 8월에 시작된 청·일 전쟁의 강화조약. 본문 14개 조로 이루어져 있다. 청국의 이홍장(李鴻章)과 일본의 이토히로부미(伊藤博文)가 체결하였다.

1. 청국은 조선국이 완전한 자주독립국임을 인정한다.
2. 청국은 랴오둥반도(遼東半島)와 타이완(臺灣) 및 평후섬(澎湖島) 등을 일본에 할양한다.
3. 청국은 일본에 배상금 2억 냥을 지불한다.
4. 청국의 사스(沙市)·충칭·(重慶)·쑤저우(蘇州)·항저우(杭州)의 개항과 일본선 박의 양쯔강(揚子江) 및 그 부속하천의 자유통항 용인, 그리고 일본인의 거 주·영업·무역의 자유를 승인할 것 등이 규정되었다.

이 중 랴오둥반도의 할양에 대해서는 러시아, 프랑스, 독일의 3국이 그 반환 을 일본에 요구하여(이른바 3국 간섭), 일본은 3,000만 량을 청으로부터 수령하 고 랴오둥반도를 청에 반환하였다.

❖ 영일동맹 ❖

영일동맹, 네이버『두산백과』인용

1902년 1월 30일 런던에서 영일동맹을 체결하였다.
1. 영·일 양국은 한(韓)·청(淸) 양국의 독립을 승인하고, 영국은 청에, 일본은 한국에 각각 특수한 이익을 갖고 있으므로, 제3국으로부터 그 이익이 침해될 때는 필요한 조치를 취한다.

제2차 영일동맹

일본은 러·일 전쟁(1904~1905)에서 승리하여 한국과 만주로부터 러시아 세 력을 축출하였고, 한국에 독자적으로 침투할 수 있는 우선권을 갖게 되었 다. 이러한 유리한 환경 속에서, 일본은 영국과 제2차 영일동맹을 체결하여 (1905.08.12.) 일본의 한국 지배를 외교적으로 보장받았다.

❖ 가쓰라-테프트 밀약 ❖

가쓰라-태프트 밀약, 네이버『두산백과』인용

가쓰라-태프트 밀약이 체결될 당시 일본은 러시아와 전쟁 중이었는데, 그해 (1905) 5월 27일 대한해협에서 벌어진 전투에서 해군이 큰 전과를 거두면서 승리를 눈앞에 두고 있었다. 이미 러시아도 시어도어 루스벨트 대통령의 강화 권고를 받아들인 상황이었다. 따라서 가쓰라와 태프트의 기밀회의에서는 러·일 전쟁 이후의 동아시아 정세에 관한 안건들이 논의되었고, 두 나라는 다음과 같은 3가지 사항에 합의하였다.

첫째, 미국이 필리핀을 통치, 일본은 필리핀을 침략할 의도를 갖지 않는다.
둘째, 극동의 평화 유지 위해 미국,·영국,·일본은 동맹관계를 확보해야 한다.
셋째, 미국은 일본의 한반도에 대한 지배적 지위를 인정한다.

❖ 포츠머스조약 ❖

포츠머스조약, 네이버「21세기정치학대사전」인용

1905년 9월 5일 조인, 10월 16일 발효되었다. 정식명칭은 '러일양국 강화조약'이다.

1904년 2월에 시작한 러·일 전쟁의 수습을 위해 미국의 포츠머스에서 열린 평화회의의 결과 체결된 강화조약. 본문 15개 조로 이루어진다. 일본은 본 조약에 의해,

1. 한국에 대한 일본의 지도·보호·감리권(監理權)의 승인
2. 뤼순(旅順)·다롄(大連)의 조차권(租借權), 창춘(長春) 이남의 철도부설권을 러시아로부터 할양받았으며
3. 배상금의 청구를 하지 않는다는 조건으로 타협, 북위 50도 이남의 사할린을 할양받았고
4. 동해(東海)·오호츠크해·베링해에 있는 러시아령 연안의 어업권을 일본에 양도한다는 등의 내용으로 성립되었다.

공산주의와 자유민주주의 이념의 싸움터였던 한반도

한반도가 남북으로 분단된 것은 2차 세계대전 후 일본군의 무장 해제를 위한 미·소간의 군사적 목적과 정치적 대결에 기인하였지만 1950년 6·25전쟁으로 남북분단이 고착화되어졌다. 동족 간 이념전 으로 시작된 전쟁이 국제전이 되어졌고 공산주의와 자유민주주의 체제대결의 첨단이 되었다.

구한말과 같이 외세가 다시 들어왔다.

북한에는 공산세계의 중국군과 소련군이, 남한에는 서방의 자유 민주주의 군대가 지원하였다.

≡ 이념으로 분단된 남북한(출처: 네이버 블로그)

신박한 한국 사람과 한반도

전쟁 후 대한민국은 미국과 한미상호방위조약을 맺고 안보분야 뿐만 아니라 정치, 경제, 사회, 문화 등 제 분야에서 미국과 서방세계의 적극적인 지원을 받으며 괄목할 만한 성장을 하였다.

미국과 서방세계의 한반도에 대한 관심은 공산주의 팽창 저지와 이념의 첨단지역으로서 자유민주주의 가치의 수호에 있었다. 구한말 외세의 영토야욕과는 다른 점이었다.

공산권이 붕괴된 90년대 이후에도 한반도는 여전히 분단되어 있는데 그 이면에는 공산주의와 자유민주주의의 이념적인 문제뿐만 아니라 중국과 일본, 대륙세력과 해양세력의 교량적 위치에 기인한 문제 때문이기도 하다.

현재는 세계 2~3위의 경제대국으로 성장한 중국과 일본이 위치하고 있는 동북아는 19세기 말처럼 주변 강국의 이해관계가 복잡하고 첨예하여 충돌할 가능성이 높아졌다.

단지 과거와 다른 점은 한반도에 있는 남한은 경제적으로, 북한은 군사적으로 쉽게 넘볼 수 없는 나라가 되어 있고 미국이란 초강대국의 군사력이 위치하고 있어 힘의 균형이 이루어지고 있다는 점이다.

중국과 일본은 한반도가 지정학적으로 자신들의 안보에 중요하다고 생각한다. 따라서 그들은 한반도에 있는 나라가 자신들에게 우호

적이기를 원하고 통일되어 어느 한 편에 치우치는 불안정한 상황이 되는 것을 원하지 않는다. 자신들의 힘이 완전해질 때까지는 통일되는 것보다는 분단되어 있는 것이 유리하다고 생각한다.

이에 비해 미국은 한반도가 친미국가로서 중국과 일본 그리고 러시아 사이에서 강력한 린치핀, 즉 균형추가 되면 좋겠다는 속내를 갖고 있다. 한반도가 자유민주주의 체제로 통일되는 것을 지원하는 입장인 것이다.

이러한 미국의 관점은 남북통일과 균형자적 평화를 지향하는 우리의 이해관계와 일치한다. '같이 갑시다.'로 불리는 한미동맹은 현시대 최선의 조합이라 할 수 있다.

경제·사회·문화적 관점에서의 한반도

경제·사회·문화적 관점에서 볼 때 과거의 한반도 지역은 농경사회였고 만주지역은 채집과 수렵, 유목 중심의 사회이었다.

한반도 지역이 온화한 기후를 가진 기름진 땅이었던 데에 비해 만주지역은 요동 일대를 제외하고 대부분 지역이 춥고 척박한 땅으로서 농사를 짓기에 적절치 않은 지역이었다.

농업기술이 발달하지 않았던 시대의 만주는 대부분 채집과 수렵으로 살아가는 지역으로서 중앙아시아 초원과 연결되는 수렵민과 유목민의 땅이었던 것이다.

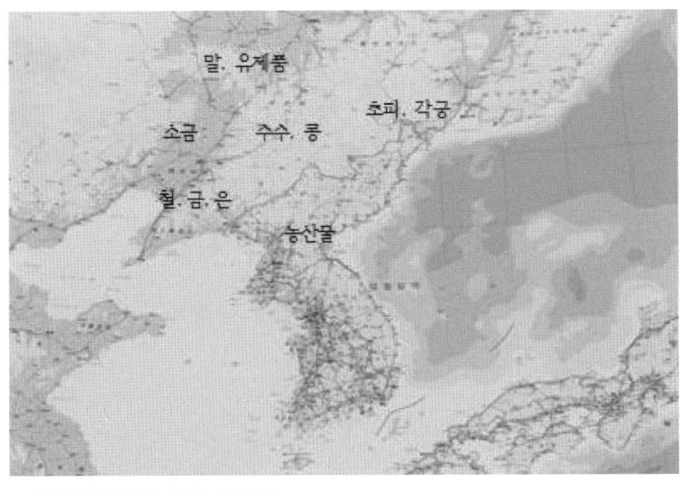

☰ 만주와 한반도 주요 생산품

북방의 부여유민이 고구려와 백제를 건국하였다는 설이나, 신라의 김씨 왕조가 흉노의 후예 김일제의 후손이라는 설, 한민족을 북방민족의 후예라 하고 우랄알타이 어족에 속하는 점 등은 모두 한반도 북부의 유목민들이 따뜻한 한반도에 와서 뿌리를 내리고 살았다는 이야기들이다. 이는 모두 한반도의 지리적 위치와 지형적 영향으로 볼 수 있다.

만주는 사람이 많이 살지 않는 척박한 땅으로서 해상교통이 발달하지 않았던 시대에는 대륙과 한반도 사이의 완충지대였다. 그중 요동은 만주에서 가장 기름진 지역으로서 경제적 중요성과 함께 중국 본토와 한반도와의 사이에 있는 전략적 요충지로서 고구려가 차지했던 땅이기도 했다.

삼국시대의 한반도가 대륙의 문화를 일본으로 전하는 교량이었다면 근세의 한반도는 일본의 세력이 커지고 해양세력이 한반도 주변에 도착하면서 해양세력과 대륙세력의 교량이었다.

현대의 한반도는 공산주의와 민주주의의 이념적 교량으로서 6·25전쟁을 겪었고 그 연장선상에서 현재까지 정치·사회적 혼란을 겪어온 지역이다.

하지만 분단과 전쟁의 위협 속에서도 한반도는 기술대국 일본과 인구대국 중국의 사이에서 미국 등 서방세계와 해양의 선진문화와

신박한 한국 사람과 한반도

경제, 기술을 중국대륙에 전하는 지역이 되었다.

우리는 6·25전쟁의 엄청난 피해를[51] 짧은 시간 내에 극복하고 잘
사는 나라가 될 수 있었는데 이는 한반도가 거대한 시장과 세계적
인 기술 사이에 있다는 지리경제학적 유리점을 잘 활용한 결과이기
도 하였다.

(출처: 국정기획자문위원회)

---

51 6 · 25전쟁이 끝난 후 우리나라는 전 국토의 40%가 파괴되었는데 유엔군 사령관이었던 맥아더는
   "이 나라는 엄청난 피해로 인해 앞으로 100년이 지나도 복구되기 어려울 것이다."라고 하였다.

교량적 위치가 주는 유·불리점

교통이 발달하지 않았던 시대에 오랜 역사의 원동력이었던 한반도의 위치와 지형적 유리점이 해상교통이 발달한 19세기 이후에는 해양과 대륙, 일본과 중국, 러시아의 교량적 위치로서 안보와 관련한 지정학적 불리점을 가진 것처럼 보여졌다.

그 이유는 조선이 오랜 태평성세에 도전으로 단련되지 못한 채 나라를 지키는 일에 대한 준비와 노하우를 쌓아오지 못함으로써 나라를 지키는 일에 장애가 생겼고 무기력한 나라가 되었기 때문이었다.

조선 말, 대한제국 시기에 통리기무아문[52]을 설치하고 청나라나 일본, 미국 등을 견학하고 신식군대를 만들고 개혁하고자 노력하였다지만 이 땅에는 전쟁에 대한 전문성 있는 장군이나 훈련된 군사력, 무기도 부족하였던 것으로 보인다.

내부에서 일어난 민중의 난인 동학농민운동이나 여러 혼란 상황을 한반도에 야욕을 가지고 있는 외세의 힘을 빌려 제압하려는 어리석은 대책을 세울 정도였으니 말이다.

---

52 조선 후기 변화하는 국내외정세에 대응하기 위해 국내외의 군국기무(軍國機務)를 총괄하던 관청이다. 청나라 제도를 모방하여 1880년에 설치한 기관으로 그 밑에 사대(事大) · 교린(交隣) · 군무(軍務) · 변정(邊政) · 통상(通商) · 기계(機械) · 선함(船艦) · 군물(軍物) · 기연(譏沿) · 어학(語學) · 전선(典選) · 이용(理用)의 12사를 두었다., 「한국민족문화대백과」, 「두산백과」.

19세기 산업혁명으로 강력한 힘을 갖게 된 열강이 조선에 도착했을 때 한반도에 힘의 공백지대가 초래됨으로써 교량적 위치가 된 조선은 청·일 전쟁, 러·일 전쟁의 전쟁터가 되었고 전쟁의 승자인 일본의 식민지가 되었다. 19세기 말 조선은 스스로 지킬 힘과 의지를 갖지 못함으로써 한반도는 숙명적으로 불리한 지역인 양 여겨진 것이다.

해방 이후에도 이념의 첨단으로서 6·25전쟁을 겪었고 남북이 분단되어 대치하고 있다. 아직도 그 시대의 연장선상에 있다.

힘이 부족했던 조선의 한반도는 그래도 주변국의 관심지역으로서 가치가 있는 지역이었다. 중국과 일본, 대륙세력과 해양세력, 공산주의와 자유민주주의 사이에서 교량적 위치로서의 완충지대가 되었다.

21세기에 와서 한반도는 세계 2위 중국과 3위 일본의 사이에서 미국에게 린치핀과 같은 중요성을 갖는 지역으로 여겨졌다. 한반도의 위상이 높아졌다는 뜻이기도 하다. 이는 대한민국이 한반도의 지리경제학적 유리점을 잘 이용하여 세계 10위 전후의 경제력을 갖게 된데 기인하기도 하다.

현대의 한반도는 중국과 일본에게는 완충지대로서 군사안보적 가치를 갖고 있는 지역이고 미국에게는 중국, 일본과 관련한 린치핀과 같은 중요성이 있는 지역이기도 하다.

이처럼 한반도의 유·불리점은 시대 상황에 따라 달리 나타났음을 알 수 있는데 이는 힘의 문제와 관련이 있다.

한반도는 우리의 터전으로서 심장이고 몸통과 같은 곳이다.

해양과 대륙세력의 경제 문화적 교량적 위치로서 유리점을 활용할 수는 있지만 안보적으로는 양보할 수 없는 곳이다. 우리 생존권의 터전이기 때문이다.

그럼에도 불구하고 조선시대 이후 역사 속의 한반도는 수시로 유린당하는 전쟁터가 되었고 급기야는 청·일 전쟁, 러·일 전쟁에서 승리한 일본의 식민지가 되기도 하였다. 과거의 한반도에는 있어서는 안 되는 일들이 일어났던 것이다.

그리고는 한반도를 우리의 관점으로 바라보지 못하고 '교량적 위치'이니 '린치핀'이니 하는 주변국의 관점을 우리 것처럼 숙명적으로 받아들이기도 하였다. 스스로를 돌아볼 여유가 없이 살아왔기 때문이었다.

우리의 관점에서

요동은 중국의 북경과 관련한 전략적 요충지이고 만주는 대륙과의 완충지대이다.

신박한 한국 사람과 한반도

대마도는 일본과의 사이에서 징검다리와 같은 지역이고 일본 본토는 태평양의 거센 파도를 막아주는 방파제이며 태평양으로 나가는 디딤돌이 되는 지역이다.

일본과 만주는 우리에게 중요한 지역인 것이다.

우리의 관점으로 주변을 이끌어가는 것은 스스로 지킬 힘이 있을 때 가능한 일이다. 이제는 우리 스스로 영토를 지키고 국가의 안전을 보장하며 우리의 관점에서 세상을 바라볼 때가 되어가고 있다.

현대에는 초고속 교통수단과 초고속 통신 등 세계화·정보화시대 우주시대를 맞고 있어 한반도의 위치적 중요성은 과거에 비해서 상대적으로 작아졌고 미래에는 더 작아질 수 있다. 하지만 미래에도 여전히 한반도의 위치에서 발생하는 지정학적·지경학적 영향은 계속될 것이다.

우리의 관점에서 한반도의 다양한 유리점을 능동적으로 활용할 것인가? 아니면 과거 역사 속에 교량적 위치라는 피동적 불리점에 매여 있을 것인가? 더 나아가 만주와 일본을 한반도의 완충지대나 디딤돌로 삼을 수 있을 것인가?는 이곳에 살고 있는 한국 사람들이 어떤 선택을 하고 어떤 노력을 기울이느냐에 따라 달라질 것이다.

위대한 로마제국의 발흥지가 이탈리아반도였음을 잊지 말자.

살기에 좋지만
적응력이 요구되는 기후

한반도는 기후가 온난하고 재해·재난이 별로 없다

공자의 7대손 공빈은 『동이열전』에서 할아버지 공자가 "동이(東 夷)[53]에서 살고 싶어 하였다."고 한다.

> 우리 선대 어른 공자께서도(吾先夫子)
> 동이에서 살고자 하셨으며(欲居東夷)
> 누추하다고 여기지 않으셨다.(而不以爲陋)
>
> - 공빈의 『동이열전』 -

---

53 중국에서 동쪽의 오랑캐라는 뜻으로 동쪽에 사는 민족을 낮잡아 이르던 말. 한국·만주·일본 등
   의 민족을 가리키는 말이다. -국어사전-

병인양요 시 프랑스 군대와 함께 조선에 온 리델 신부는 "얼마나 좋은 기후, 얼마나 풍요로운 나라인가! 우리가 코친차이나(베트남)가 아닌 이곳에 자리를 잡았더라면…!"이라고 아쉬워하였다.

그들은 왜 조선에서 살고 싶어 하였을까?

아마도 살기에 좋은 기후와 재해·재난이 적은 데다 비옥한 땅이어서 경제적 문제도 없는 풍요로운 지역이었기 때문이었을 것이다.

한반도는 해양과 대륙의 교량적 위치에 있어 해양성 기후와 대륙성 기후의 영향을 받는 지역이다. 따라서 이 지역에는 사계절이 뚜렷이 나타나고 온화하며 지구 자전의 영향에 따른 편서풍이 부는 특징이 있고 비도 적당히 내린다.

≡ 한반도의 사계절(출처: 네이버 어린이백과)

또한 한반도는 지진대로부터 벗어나 있고 일본열도가 태평양의 거센 파도와 태풍을 막아주고 있어 지진이나 자연재해도 적은 곳이다. 태평양에서 발생하는 태풍의 대부분은 중국본토로 상륙하거나 일본열도를 통과하고 한반도로 진입하는 태풍은 소수에 불과하다. 한반도는 기후가 온화하여 사람이 살기에 적당하고 농사를 짓기에도 좋은 지역이며 재난에서 평화롭고 안전한 지역이다.

그러나 한반도의 기후변화와 기온차는 유난히 크다.

한반도는 대륙성 기후와 해양성 기후가 만나는 지역으로 겨울에는 대륙성 기후가 여름에는 해양성 기후가 지배하고 봄가을에는 대륙성 기후와 해양성 기후가 혼재한다.

이 지역은 기후 변화가 심하여 연교차, 일교차 등 기온차가 유난히 크게 나타나므로 사람들에게 기후 적응력을 요구한다.

여름철에 혹서와 겨울철에 혹한이 있다

  여름철에 남부는 영상 40도(대구)가 넘기도 하고, 겨울철에 북부는 영하 40도(중강진) 이하로 떨어지기도 한다.

  이러한 기후는 전쟁에서 군인들에게 특히 많은 영향을 미쳤다.

  군인들의 생활과 작전활동은 야외에서 이루어지므로 기후변화에 그대로 노출된다. 그들은 전쟁에서 살아남기 위해 혹서 속에서도 격렬한 활동을 해야 했고 혹한 속에서도 야외에서 잘 수밖에 없기 때문이었다.

≡ 장진호 지구 전투(출처: 전쟁기념관)

  삼국시대 수·당의 고구려 침입이나 조선시대 임진왜란 시 일본군이 한반도의 기후변화에 많은 어려움을 겪었다는 기록이 발견되고 있고 실제 전쟁의 승패에 결정적인 영향을 미치기도 하였다.

6·25전쟁 때 남부의 낙동강 지역 전투에서는 한여름 영상 30~40도 이상의 혹서에도 치열하게 움직일 수밖에 없었던 군인들이 일사병이나 열사병으로 죽거나 다치는 사람이 많았다.

≡ **낙동강 전투(출처: 전쟁기념관)**

북한지역인 장진호 지구 전투에서는 한겨울 영하 30~40도 혹한에 야외에서 자고 전투에 임했던 군인들이 얼어 죽거나 동상에 걸리는 사람이 많았다.

그 수는 총에 맞아 죽거나 다치는 사람의 수에 버금갈 정도였다.

신박한 한국 사람과 한반도

≡ 장진호 지구 전투(출처: 전쟁기념관)

　교통수단이 발달하지 않아서 전쟁을 오랫동안 할 수밖에 없었던 시대 상황에서 한반도의 계절변화와 혹서·혹한은 한반도의 상황에 적응되지 못한 침략군에게 많은 장애가 되었고 전쟁 수행에 어려움이 되었음을 알 수 있다.

봄·가을의 일교차와 여름·겨울의 연교차가 매우 크다.

봄·가을에는 일교차가 하루에 20도 이상으로 벌어지고 연간 온도의 변화가 무려 80도에 가깝다.

하루 10도 이상의 기온차는 면역력을 급격히 약화시킨다. 따라서 봄가을 환절기에 어린이나 노약자, 야외에서 활동하는 군인들은 감기 등에 질병에 잘 걸린다.

고구려를 침략하였던 수나라 군대는 기후적 문제로 어려움을 많이 겪었는데 일일 큰 기온차에 따른 질병도 많이 겪음으로써 전투력의 약화를 가져왔고 계절변화에 따른 많은 의류가 필요함으로 보급품 소요도 많았다.

조선시대 임진왜란 시의 왜군이나 현대에 일어난 6·25전쟁 시의 중공군 등 외부의 군대들은 추위와 보급에 많은 어려움을 겪었다. 이러한 기록들은 한반도 기후의 변화와 관련된 많은 보급물량의 필요문제 때문이기도 하였다.

한반도는 전쟁 시에 보급물자가 많이 필요한 곳이다.

기후는 일반인들의 생활에도 많은 영향을 미쳤다. 계절마다 입는 옷을 달리해야 하고 하루 중에도 아침과 점심, 저녁에 입는 옷을 달

신박한 한국 사람과 한반도

리해야 기후변화에 적응하며 건강을 유지할 수 있었다. 따라서 한국 사람들에게는 옷이 참 많다! 우리나라의 패션산업이 세계적인 수준에 오른 것도 우리의 기후적 상황에 적응한 의류적 특징이 산업에 잘 이용된 것으로 보인다.

사계절 기후변화와 큰 기온차는 한국 사람의 신체와 정서, 두뇌발달 등에도 많은 영향을 미쳐온 것으로 보인다.

'기온차가 10도 이상 벌어지면 면역력이 저하 된다.'든가,
'햇볕을 잘 받지 못하는 유럽에 우울증이 많다.'든가,
'반도국가인 이탈리아 사람과 한국 사람의 기질이 열정적으로
비슷하다'는 이야기들은 바로 기후의 영향과 관련된 이야기들이다.

영국 얼스터 대학의 리처드 린 교수는 IQ 지도를 그려 세계 184 개국의 IQ를 표시하면서 한국 사람의 IQ를 세계 2위 106으로 기록하였다. 그는 "IQ나 정서, 기질 등이 기후에 영향을 받은 것으로 보인다."고 하였는데 한반도의 기후는 사람에게 지속적인 적응을 요구함으로써 질적으로 발달시키는 특징이 있는 듯하다.

한반도는 편서풍이 불고 비가 많이 내리는 지역이다.

한반도 지역 하늘에는 지구의 자전, 위도와 관련하여 항상 편서풍[54]이 분다. 거기에 더하여 지상에는 소구획형의 산과 골의 영향으로 산바람, 골바람이 다양하게 발생한다.

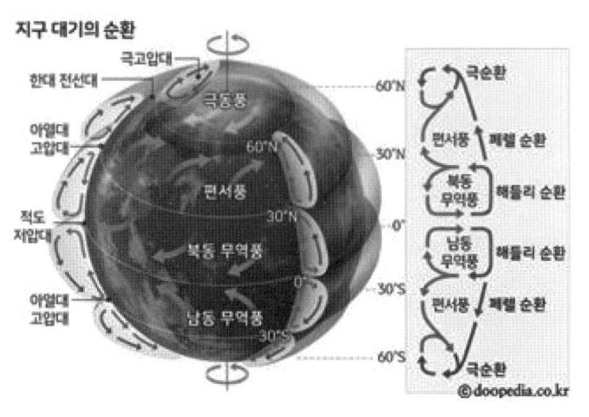

≡ 지구대기의 순환(출처: 네이버 두산백과)

이 같은 편서풍의 영향으로 비구름이나 황사 등은 서쪽(중국 쪽)으로부터 오게 되며 우리나라에서 일어나는 일들은 일본으로, 일본에서 일어나는 일들은 태평양 쪽으로 이동하게 된다.

2011년 후쿠시마의 원전사고의 방사능은 태평양 건너 미주지역으로 먼저 영향을 미쳤고 과거 발해와 조선시대 백두산 화산폭발 시 화산재는 대부분 일본지역으로 떨어졌다. 이는 모두 편서풍의 영향이다.

---

54 중위도 지역의 상층부에서 서쪽에서 동쪽으로 부는 띠 모양의 바람으로 항상풍을 말한다.

편서풍과 지상풍은 모두 화학, 생물학, 방사능 작전 및 방호에 중대한 영향을 미친다.

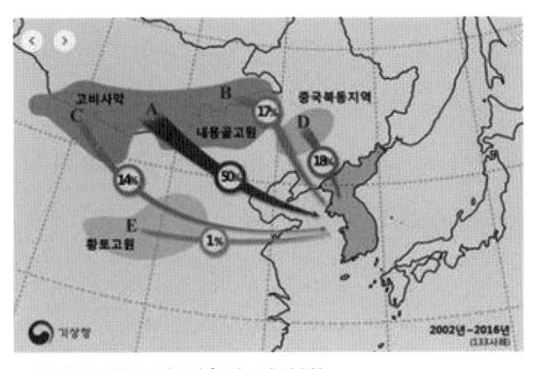

≡ 황사의 이동 경로(출처: 기상청)

한반도에는 연간 1300mm 내외의 비가 온다. 특히 여름철 장마 기간 중에는 1일 300~500mm의 집중호우가 내리기도 한다. 요즈음은 기후 온난화로 더 많은 비가 내리고 있다.

고구려의 을지문덕 장군은 살수(지금의 청천강)에서 하천을 이용하여 수나라 군대 30만을 궤멸시킬 수 있었고 고려시대 강감찬 장군은 귀주대첩 시에 거란의 10만 대군을 하천과 세차게 부는 역풍을 이용하여 물리쳤다는 기록이 있다.

이는 한반도의 비와 바람을 유능한 장군들이 유리하게 이용하였음을 보여주는 사례이다.

변화 많은 기후가 주는 유·불리점

한반도는 위도상 중위도 지역의 해양과 대륙의 교량적 위치에 있어 대륙성 기후와 해양성 기후가 만나는 곳이다. 따라서 이 지역은 기후적으로 온화하고 재해·재난이 적어서 농사를 지으며 정착하여 살기에 좋은 곳이다. 살기에 좋은 이 지역은 세계에서 인구밀도가 매우 높은 지역에 속한다.

하지만 이 지역은 주변의 5개 기단이 교차되는 곳으로 기후의 변화가 매우 심한 곳이다.

4계절이 있기도 하고 여름과 겨울의 혹서와 혹한, 봄가을의 큰 일교차가 있어 생활하는데 많은 종류의 피복을 필요하게 하는 등 생활에 불편함이 많은 지역이기도 하다.

고대전쟁이나 임진왜란, 현대의 6·25전쟁에 이르기까지 외부에서 온 군대들은 기후변화와 관련된 보급의 장애와 질병 등으로 공격의 성공을 제한하는 요인이 많았다.

한반도의 기후는 전쟁의 승패에 지대한 영향요소였던 것이다.

과거 전쟁 시에 야외에서 활동하는 군인들은 많은 보급품이 필요하였고 총에 맞아 죽는 만큼 얼어서 죽거나 일사병 열사병에 걸려

신박한 한국 사람과 한반도

죽는 경우도 많았다.

변화가 많은 기후는 면역력을 약화시켜 질병을 야기하기도 하지만 춘하추동을 보내는 동안 사람의 적응력을 키우고 상대적 경쟁력을 갖게 하는 좋은 점으로 나타나기도 하였다.

또한 화산폭발 시 편서풍은 화산재를 일본 쪽으로 날리기도 하였고 과거 명장들은 바람과 많은 비를 전쟁승리에 활용하기도 하였다.

최근에는 여름 내내 강우가 지속되고 가을 태풍이 잦아지는 등 지구온난화에 따른 기후현상의 변화가 심해지고 있다. 그 변화는 과거와 또다른 변수가 될 것이다.

한반도 기후는 이에 적응된 우리에게는 대체로 유리점으로 작용하였고 외부의 침략군에는 불리점으로 작용하였음을 전쟁사가 보여주고 있다. 한반도의 기후의 유·불리점을 구분하여 이해하는 것은 삶의 지혜로서 뿐만 아니라 전쟁을 지휘하는 장군에게도 중요한 일이다.

한반도의 과거와 현재
그리고 미래

과거 역사 속의 한반도는 공자도 "살고 싶다."고 했을 정도로 살기에 좋았던 곳이었다. 기후가 온화하고 재해·재난도 적은 데다 비옥한 땅이 있었다. 또한 외부로부터 접근이 어렵고 지형적 독립성도 특별하였으므로 외부의 도전이 많지 않아 정세변동도 심하지 않았기 때문이었다.

교통수단이 발달하지 않았던 시대의 한반도는 살기에 좋았을 뿐만 아니라 외부의 침입으로부터 나라를 지키는 데 유리한 땅이었음을 알 수 있다.

근세에 들어오면서 해양교통수단 발달에 따라 서구열강이 한반도 주변까지 진출하게 되었을 때 도전에 단련되지 않고 힘을 키우는 데 소홀하였던 한반도는 해양세력과 대륙세력, 자유진영과 공산진영의

신박한 한국 사람과 한반도

교량적 위치로서 힘의 각축장이 되기도 하였었고 급기야 나라를 잃어버렸다. 근세의 한반도는 지정학적 불리점이 숙명적으로 여겨지기도 하였다.

해방 이후 현대에 와서 한반도는 교량적 위치로서 한강의 기적이라 불리는 눈부신 경제발전의 지리경제적 촉매가 되었다. 현대의 한반도가 지리경제학적 유리점으로 작용하였음을 보여주는 것이다.

우리 역사는 한반도의 가치가 시대변천과 과학기술의 발전 그리고 이 땅에 있었던 사람들의 역량에 따라 변화되어 왔음을 보여주고 있다.

한반도는 서구나 대륙의 중심으로부터 접근이 어려운 위치이면서 독립성이 뛰어난 지형적 특징을 가진 지역이고 주변국의 관점에서 지정학적 및 지경학적으로 교량적 가치를 가지고 있는 곳이다.

이러한 한반도는 시대 상황별로 상대와 자신의 역량에 따라 한반도의 사람들에게 유리점으로 작용하기도 하였고 불리점으로 작용하기도 하였다.

과거 로마제국이 이탈리아반도를 기반으로 하여 2,000여 년이 넘는 영화를 누렸던 것이나 19세기 해가 지지 않는 나라 영국이나 2차 세계대전을 일으켰던 독일이 우리나라와 비슷한 규모의 나라들[55]이었음을 감안해 보면 지리적 여건이나 인구 규모의 문제가 민족의 흥망성쇠에 결정적 영향을 미친 것은 아니라는 점을 알 수 있다.

단지 한반도가 주변 세력의 관점에서 교량적 위치이고 관심지역이므로 해양이나 대륙 어느 일방에 힘의 쏠릴 때 불안정해질 수 있다는 점이 있었다. 과거 청·일 전쟁이나 러·일 전쟁 그리고 6·25전쟁의 경우가 바로 그러한 사례이다.

이러한 불안정성을 막고 지역 안전을 도모하는 방법은 바로 스스로 지킬 수 있는 강력한 군사력을 갖거나 우리에게 유리한 나라와 동맹을 맺는 등 힘의 균형을 적절히 유지하는 것이다. 그 선택은 바로 우리에게 달린 문제이다.

오늘날 미국이 한반도를 세계 2~3위의 중국과 일본을 경계하는 린치핀으로 여기고 있다는 점은 우리의 군사안보 및 외교와 경제적 지평을 넓힐 수 있는 유리한 점이기도 하다.

교량적 위치나 린치핀이라는 관점은 일본이나 중국, 러시아(구소련), 미국 등에 속한 학자들이 자신들을 중심에 두고 바라보았던 관점이다.

---

55 영국 인구 6,657만 명, 독일 인구 8,229만 명, 대한민국 인구 5,168만 명, 북한 인구 2,561만 명, 2018년 UN 통계 기준.

신박한 한국 사람과 한반도

이곳에 살고있는 우리의 관점에서 한반도는 우리 생존권을 위해 양보할 수 없는 터전이다. 그러므로 주변국의 관점을 그대로 받아들이고 우리에게 숙명적으로 적용하는 것은 문제가 있다. 양보해서는 안 되는 한반도가 강대국의 교량이 되고 린치핀이 되는 과거의 아픔을 또다시 겪어서는 안 되기 때문이다.

단지 그들이 이러한 관점의 가치로 한반도를 바라보고 있음을 이해하고 이를 적절히 활용함에 더하여 우리의 관점에서 한반도의 가치와 유·불리점을 제대로 인식하고 나아갈 바를 찾아야 하는 것이다.

미래의 세계는 고속통신과 네트워크에 기반한 정보화시대, 극초음속에 기반한 세계화시대, 우주시대로 가고 있어 지형적, 지정학적 영향은 점점 희석되고 세계가 하나 되는 시대로 가고 있는 것처럼 보인다.

하지만 지리적 문제는 여전히 정치·경제·사회·문화·안보 면에서 다양한 유·불리점으로 작용하고 미래에도 그러하리라고 보여진다.

지리와 천시의 유·불리점을 인식(知地知天)한다는 관점에서 한반도의 지리적 위치와 지형적, 지정학적, 지경학적 유·불리점을 발견하고 이를 활용하는 것은 이 지역에 적합한 최선의 방책과 전략을 찾아갈 수 있게 한다.

역사는 우리에게 한반도와 그 주변의 지형적 기후적 유리점을 스스로 인식하고 거기에 적합한 국방정책과 과학발전을 특화하며 주변국이 관심을 가지고 있는 교량적 가치나 린치핀적 가치를 군사안보적 경제적 문화적 유리점으로 승화시키는 지혜를 발휘하되 힘의 불균형으로 인한 전쟁의 위험성에 대비하여 스스로 지킬 수 있는 군사적 힘을 강화하여야 한다는 것을 보여주고 있다.

자신을 알아야 미래가 보인다

'적을 알고 나를 알면(知彼知己) 백번 싸워도 위태롭지 않고(百戰不殆), 지리와 천시를 알면(知地知天) 온전히 승리할 수 있다(勝乃可戰).'라는 손자의 관점으로 우리 역사와 전쟁사를 바라보면 그 교훈은 비교적 명확하다.

우리의 반만년 역사유지와 찬란한 문화사의 배경에는 여러 요인이 있었지만 그중에서도 뛰어난 한국 사람들의 강점과 한반도의 지리적 유리점이 자리하고 있었다는 점이다.

과거에 을지문덕과 강감찬 같은 탁월한 장군들은 상대적으로 부족한 군사력에도 불구하고 한국 사람의 다재다능한 강점과 한반도의 탁월한 독립성이라는 지형적 유리점을 잘 활용하여 주변 강대국의 침입을 잘 막아내고 오랜 역사를 잘 지켜내었다. 그리고 찬란한 문화사도 이루었다.

우리의 국립중앙박물관에 있는 뛰어난 문화재들이 바로 그 증거이다.

하지만 조선시대 이후에는 이순신 같은 백전백승의 장군이 있기는 하였지만 오랜 태평성세에 취해 사리사욕을 위한 당파싸움만 계속하고 외세까지 끌어들여 다투는 등 유비무환의 교훈을 잊고 스스로 나라를 지킬 수 있는 대비를 소홀히 함으로써 전쟁의 참화를 반복해서 겪었다.

특히 근세에 와서는 주변 강대국의 패권경쟁을 안일하게 수수방관하다가 급기야 나라를 잃기도 하였다. 참담한 전쟁사이다.

우리의 전쟁기념관에는 한반도 전쟁의 참담함과 안타까움이 있다.

여기에는 천혜의 한반도에서 나타난 태평성세에서 자기만 살겠다는 각자도생의 함정을 깨닫지 못하고 이권에만 매몰되었던 한국 사람들, 똑똑하지만 이기적인 지도층의 무책임과 백성들의 안일이라는 약점도 있었다.

평화를 원하거든 전쟁을 기억하라!

자유는 거저 주어지는 것이 아니다!

이 명언들은 서양에서 온 말들이지만 우리의 조선시대 이후 전쟁
사에서도 나타나는 교훈들이다.

혹독한 일제강점기를 겪은 후 아무것도 없었던 대한민국은 새로
운 국가건설과 6·25전쟁 후 폐허의 어려움과 분단 상황에 반복되는
위기 속에서도 후세 교육의 열정을 되찾고 한강의 기적이라 일컬어
지는 경제적 성취를 거두었다.

오늘날의 한국 사람들은 우수한 재능과 탁월한 적응력을 가지고
높은 교육열을 통해 잘 단련되어온 세계적인 경쟁력을 가진 사람들
이 되었다.

이들은 변화무쌍한 한반도의 기후와 해양과 대륙세력, 자유민주
주의와 공산주의 등 세력과 이념의 전쟁터에서 많은 어려움을 겪기
도 하였지만 여러 도전 속의 위기를 기회로 바꾸고 경제적 번영을
이룬 것이다.

현대사회는 세계화시대 속의 다문화사회이다. 불교와 도교, 유교, 군국주의, 서구의 기독교적 이념 등 다양한 생각과 이념을 가진 사람들이 더불어 살아가면서 가치관에 많은 혼선을 겪기도 하였지만 모두가 함께 번영하며 살아가는 자유민주주의·개인주의 사회로 진화하고 발전해 가고 있다.

그러나 일제 35년의 역사 단절에 이어 새롭게 받아들인 우리의 자유민주주의는 아직도 혼란스럽다.

경제는 발전하였다지만 아직도 이념적 분단 상황을 극복하지 못하고 지정학적 어려움에 과거의 당쟁 악습은 여전하고 외교와 군사에 대한 전문성은 완전치 않음으로써 스스로를 지키는 자주국방에는 불안함이 있다.

역사는 미래로 나아가는 거울과 같다. 과거의 과오를 잊지 말고 우리의 강점과 유리점을 미래의 동력으로 삼는 지혜가 필요하다.

정보화·세계화시대를 지나 1인 기업, 1인 군대의 영향력이 커져가고 있는 오늘날 상황에서 한국 사람의 우수한 재능과 적응력을 미래 경쟁력으로 잘 살려야 한다.

신박한 한국 사람과 한반도

또한 인구밀도가 높은 지역에서 살아가는 이들의 지나친 경쟁과 이기심에 자기밖에 모르는 이들이 양산되고 패거리 지어 국가관이나 안보의식을 약화시키고 나라를 지키는 문제를 소홀히 하였던 역사적 문제도 잊어서는 안 된다.

이들의 강점과 약점을 인식하고 능력 발휘는 잘하면서도 올바로 가도록 이끄는 것은 지도층과 교육이 담당해야 할 몫이다. 올바른 지도층을 길러내는 풍토를 만들고 건실한 국민을 만드는 것은 교육의 방향을 여하히 하느냐에 따라 달라지게 될 것이기 때문이다.

한국인보다 한국을 더 사랑했다는 미국 선교사 H.B.헐버트[56]는

"한국은 자기민족이 자신을 정복한 민족과 대등하게 될 때까지 자기민족에 대한 교육에 전념해야 하며,…" "일본인이 한국에 느끼고 있는 멸시를 상쇄할 능력을 갖추도록 노력해야 한다."

"일본인은 군사력이나 야수적인 폭력이 아니면 그것이 능력이라고 존경하려 들지 않는 민족이기 때문"이라고 하면서 교육과 나라 지키는 능력 구비의 중요성을 이야기하였다.

---

56 조선의 육영공원 영어교사로 한국생활을 시작하여 고종황제를 근거리에서 보좌 21년간(1986~1907) 대한제국에서 살았고 대한제국의 독립을 지원한. 한국인보다 한국인을 사랑한 선교사, 한국 사람들이 가장 좋아하는 외국인 1위., 「헐버트 박사 기념사업회 참조」.

미래는 극초음속 교통수단과 통신의 발달, 우주공간의 활용 등 정보화·세계화시대로서 전 지구를 한눈에 볼 수 있는 시대, 이동속도가 엄청나게 빨라진 시대가 됨으로써 지형적·지정학적·지경학적 영향은 점점 희석되어 갈 것이다. 특히 기후의 급변과 바이러스 등 질병의 창궐은 세계의 온라인 연결을 가속화시킬 것이다.

하지만 이러한 정보화·세계화시대, 복잡 다양한 시대에도 한반도의 위치와 지형적, 지정학적, 지경학적 영향은 여전히 존재한다.

물류는 여전히 바다의 상선을 통해 움직일 수밖에 없고 재래식 군대의 전쟁에도 산과 하천, 바다의 영향을 받을 수밖에 없다. 또한 첨단 인공위성이나 최신정보수단도 숲속이나 지하의 정보를 얻을 수 없는 한계가 있듯이 빨라진 통신 속도와 극초음속의 이동속도도 빨라지기는 하였지만 여전히 지리적 영향을 받을 수밖에 없기 때문이다.

뛰어난 한국 사람들이 살고 있는 한반도는 특별한 독립성으로 나라를 지키기에 유리한 곳이며 해양과 대륙의 교량적 위치와 변화가 심한 기후는 경쟁력을 향상시키고 발전하기에 유리한 곳이다. 이를 여하히 활용하여 나라를 잘 지키고 세계로 나아갈 것인가는 바로 이곳에 살고 있는 사람들의 몫이다.

주변국의 관점에서 교량적 위치는 우리에게 경제·문화적 유리점이기도 하지만 주변국과의 관계에서 나라 지키는 문제를 소홀히 하였을 때 어떤 불리점과 굴욕을 겪을 수 있는 곳인지 또한 정확히 인식하고 대비해야 한다.

최근 들어 중국이 경제력을 바탕으로 전체주의적 군사력을 강화하는 대국굴기(大國崛起)[57]를 추구하는 가운데 남중국해와 동북아시아에서 미·중 패권대결의 상황이 갈수록 커지고 있다.

이러한 중국의 위협을 계기로 일본은 미·일 동맹의 틀 안에서 군사력을 강화하고 있고 과거 19세기 말 20세기 초에 일본이 영·일 동맹에 기대어 중국, 러시아와 대결하였던 상황이 재현되고 있다.

전쟁의 위기는 또다시 반복될 분위기이다.

우리 땅에서 벌어졌던 청·일 전쟁과 러·일 전쟁을 무기력하게 바라볼 수밖에 없었던 대한제국, 나라를 잃어버렸던 안타까움을 또다시 겪지 않기 위해서는 상대와 나의 강·약점과 한반도의 유·불리점을 깨닫고 이에 적합한 정책을 수립하고 발전시키며 전문화해가는 특성 있는 노력이 중요한 때가 다시 도래한 것이다.

---

57 '대국이 일어서다.'라는 뜻으로 힘이 커진 중국이 다른 국가와 지역, 더 나아가 글로벌 문제에 간여하겠다는 의미로 평가되며 미국에 대한 도전으로 간주되고 있다.

그렇다고 위축될 필요는 없다. 우리는 상황이 어려울 때, 도전이 많을 때, 더 발전하고 더 나아져 왔기 때문이다. 빠르게 변화하는 현대사회에서 더 가파라져 가는 미래사회에서 한국 사람들의 강점은 더욱 빛을 발하게 될 것이다. '우리의 강·약점과 우리 한반도의 유·불리점'에 대한 이해를 심도 깊게 함으로써 우리의 강점과 유리점은 적극 확대 활용하고 우리의 약점과 불리점은 보완한다면 우리의 미래는 더욱 공고해질 것이 분명하다.

적이 나를 이기지 못하도록 하는 것은(不可勝)
나에게 달려 있고(在己)

내가 적을 이기느냐 여부는(可勝)
적에게 달려 있다.(在敵).

– 『손자병법』 4편 「군형(軍形)」 –

신박한 한국 사람과 한반도

역사는 우리가 누구인지 알게 하고 미래로 나아가는 길잡이가 될 수 있어야 한다. 하지만 우리 역사의 기록들이 그러한 역할을 잘 하고 있는 것인지에 대해서는 다소의 의문이 있다.

아마도 우리 역사의 사실과 교훈에 대한 기록을 긍정 중심으로 기록하고자 하였던 지도층의 사적욕구나 우리 역사나 전쟁에 대한 각종 기록들이 우리의 관점에서 쓰이지 못하고 주변국의 관점에서 쓰여졌던 점,

그리고 일제 35년 역사의 단절이 우리와 우리 땅의 본질을 찾는 데 혼선을 야기시킨 탓도 있었던 것으로 보인다.

이 책은 육군대학 한국전쟁사 교관, 육군 작전교리 연구관, 북한학 강사, 전쟁기념관 전문해설사 등 40여 년 동안 한민족 전쟁사와 관련된 직무를 수행하면서 느꼈던 점을 정리한 글로서

우리는 왜 이렇게 전쟁의 참화를 반복해서 겪은 것인가? 그 원인은 무엇일까? 등에 대하여 우리 역사와 전쟁사 속에서 나타난 한국 사람의 강·약점과 한반도의 유·불리점을 살펴본 기록이다.

이 연구는 細察보다는 大觀하여 바라봄으로써 깊이가 얕음의 한계는 있다.

하지만 우리의 상대적 좋은 점과 아울러 상대적 부족함도 깨달음으로서 미래를 위해 나아가야만 한다는 차원에서 작성한 글이기도 하다.

우리가 미래로 바르게 나아가기 위해서는 한국 사람과 한반도에 대한 본질을 찾는 연구는 앞으로도 더 계속되어야 한다고 생각한다.

- 국사편찬위원회,『한국사』, 2002, 국사편찬위원회.
- 전쟁기념사업회,『한민족 역대 전쟁사』, 행림출판, 1992.
- 국방군사연구소,『한민족전쟁통사』 1~4편, 국방군사연구소, 1994~1997.
- 최병옥,「한국의 역대 대외전쟁에 대한 인식」, 군사25호, 1992.
- 「한국고전사」, 1984, 육군대학 교참 2-2.
- 군사편찬연구소,「6 · 25전쟁사」, 국방부군사편찬연구소. 2005.
- 정도웅,『세계전쟁사 다이제스트 100』, 가람기획, 2010.
- 김광수,『손자병법』, 1화랑대연구소, 1999.
- 신동준,『무경십서(손자병법)』, 역사의 아침, 2012.
- 지종상,「손자병법의 맥리」, 군사평론 307호, 육군대학, 1994.
- 김원태,『무경칠서』, 책과나무, 2016.
- William Elliot Griffis,『Corea, the Hermit Nation』,1889.
- A. H. 새비지 랜도어, 신복룡 외 역,『고요한 아침의 나라』, 집문당, 1999.
- Ernst J. Oppert,『금단의 나라 조선기행』, 문교부, 1880.
- 엘리자베스 키스, 용영달 역,『영국화가 엘리자베스키스의 코리아 1920~1940』, 책과함께, 2006.
- H. B. 헐버트, 신복룡 역,『대한제국멸망사』, 집문당, 1999.
- F. A. 메켄지, 신복룡 역,『대한제국의 비극』, 집문당, 2019.
- 이순신, 한국민족문화대백과
- 「KBS 역사 추적: 19회 최강 수군의 비밀, 이순신의 사람들」, 2009.04.18.
- 「KBS 역사스페셜: 이순신 1부, 불패의 장군 신화가 되다」, 2003.06.14.
- 군사지리, 육군사관학교, 박영사, 1980.

- 군사지리, 육군대학, 1989.
- 서정철, 『서양 고지도와 한국』, 대원사, 1991.
- 홍시환, 『지도의 연구』, 을유문화사, 1987.
- 김상근, 『세계지도의 역사와 한반도의 발견』, 살림출판사, 2004.
- 김연옥, 『한국의 기후와 문화』, 이대출판부, 1985.
- 최창조, 『한국의 풍수사상』, 민음사, 1984.
- 김찬규, 『4강의 대한반도 정책, 방위연감』, 국제문제연구소, 1945~1989.
- 사세휘, 『세계사를 서양인의 눈으로 보지 말고 동양인의 눈으로 보자』, 한국경제신문사, 1990.
- 엘리오 리볼리, 「1914~2014년 사이 전 세계 200개 국가 남녀의 평균신장 변화」, 영국, 2016.
- 리처드 린, 『인종 간 지능의 차이(Race Differences in Intelligence: An Evolutionary Analysis)』, 2006.
- 조성만 기자, 「쇠젓가락을 사용하면 두뇌가 좋아집니다」, 국민권익위원회, 2009.10.
- 정주영, 『이 땅에 태어나서』, 솔, 2015.
- 통계청, 인구통계, 2019.
- 김광석, 『용병술어연구』, 병학사, 1993.
- 이태규, 『군사용어사전』, 일월서각, 2012.
- 정인승 외 7인, 『한국어대사전』, 현문사, 1980.
- 한국민족문화대백과, 한국학중앙연구원
- 문화원형백과, 위키백과, 나무위키 등

• 우리나라의 3대 대첩 •

살수대첩(薩水大捷)

정의

612년(영양왕 23) 중국 수(隋)나라의 군대를 고구려가 살수(薩水: 지금의 청천강)에서 크게 격파한 싸움.

개설

살수대첩을 비롯한 고구려와 수나라의 일련의 충돌은 4세기 이래로 분열을 거듭하던 중국을 수나라가 통일함에 따른, 동아시아 세력권의 재편성과정에서 나타난 충돌의 하나였다.

다시 말해 중국의 남북조와 북아시아 유목민 세계의 돌궐, 그리고 고구려·백제·신라 등을 축으로 편성된 동아시아의 국제질서는 589년

(평원왕 31) 수나라의 남북조통일과 팽창에 따라 파괴, 재편성되지 않을 수 없었다. 이러한 과정에서 새로 편성되어야 할 국제질서에서의 주도권을 둘러싼 투쟁의 하나가 바로 고구려와 수나라의 충돌이었다.

역사적 배경

581년 북주(北周)에 대신해 수 왕조가 개창되면서, 고구려와 수나라는 외교사절을 파견하는 등 표면적 평화적인 관계를 수립·유지하고자 하였다. 그러나 수나라가 남조의 진(陳)을 격파해 통일제국을 수립하고, 돌궐·토곡혼(吐谷渾: 선비족의 일파로 지금의 청해성 일대에 거주) 등 주변 세력에 대한 압력을 가하였다.

이어 고구려의 영향력이 미치고 있던 거란·말갈 등에까지 세력을 뻗쳐옴에 따라, 요서(遼西) 방면으로의 진출을 노리는 고구려와 충돌을 빚게 되었다. 598년(영양왕 9) 고구려의 요서 공격과 수륙양로를 통한 수나라의 반격은 양국의 대립관계를 표면화시켰다.

이러한 수나라의 제1차 침공 이후 양국은 다시 평화관계를 유지하는 듯하였다. 그러나 요하유역(遼河流域)을 둘러싼 양국의 이해관계의 대립은 여전했고, 수나라는 군수물자의 수송에 필요한 대운하를 파는 등 고구려 침략준비를 추진하였다.

고구려 또한 국경지대를 정탐하고 거란·말갈족 등과 더불어 공격하는 한편, 중국으로부터의 망명자를 받아들이며 은밀히 돌궐과의 연결을 꾀하는 등 경계태세를 게을리하지 않았다.

돌궐과 고구려가 은밀히 접촉하고 있음을 간파한 수나라 양제(煬帝)는 측근 관료 및 백제·신라의 충동을 받아 마침내 고구려에 대한 대규모 침략을 결정하였다. 이에 수레·배 등의 군수물자를 대규모로 제작하는 등, 전쟁 준비에 박차를 가하였다.

이 과정에서 고구려 침공준비에 시달리던 산둥지역(山東地域)을 중심으로 한 군도(群盜)의 봉기 등 많은 무리가 따랐지만, 양제가 고구려 침공을 강행한 것은 그만큼 고구려에 대한 위기의식이 높았음을 반영하는 것이었다.

❖ 양국의 전쟁전략 ❖

1. 수나라의 공격전략
- 적을 압도할 수 있는 대규모의 병력을 동원하여 최종목표를 완전 포위공격한다.
- 수륙합동작전을 최우선의 작전으로 한다.

2. 고구려의 방어전략
- 수나라에 비하여 국력이 열세인 대수 방비태세는 거국적이지 않을 수 없었다.
- 식량과 모든 물자를 가지고 견고하게 축성된 성으로 들어가 수비하는 견벽청야(堅壁淸野)전술을 수행하였다.
- 성은 적을 유인하여 적의 병참선을 신장시키고 전투력소모를 강요한 후 반격하여 적을 격퇴시키는 인병출격(引兵出擊) 전술을 사용하기에 편리했다.

          - 전쟁기념사업회, 『한민족역대전쟁사』 2장 고대의 전쟁, p. 58 -

경과와 결과

612년 수나라는 두 번째의 고구려침공을 개시하였다. 이때도 첫 번째 침공 때와 마찬가지로 수륙양로를 통해 쳐들어왔다. 먼저 수나라 육군은 일단 탁군(涿郡: 지금의 北京)에 집결, 좌우 각각 12군으로 편성해 고구려를 향해 진군하였다. 동원된 병력은 모두 113만 3,800명, 군량운반자의 수는 정규군의 배가 되었으며, 군대를 출발시키는 데도 40일이 소요되었다.

고구려군의 완강한 저항으로 막대한 희생을 치르면서 겨우 요하 도하작전에 성공한 수군은 곧 요동성(遼東城)을 포위, 공격했으나, 고구려의 완강한 저항과 지휘계통의 혼란 등으로 지구전으로 돌입하게 되었다.

이에 수나라는 우중문(于仲文)·우문술(宇文述) 등을 지휘관으로 한 30만5,000명의 별동대를 편성해 오골성(烏骨城: 지금의 봉황성)을 경유, 압록강을 건너 고구려의 국도인 평양성으로 직공(直攻)해 대세를 결정지으려 하였다.

별동대는 고구려군의 게릴라전술에 고전하면서 겨우 평양성 30리 지점에까지 진군하였다. 그러나 수나라 지휘부 내부의 불화, 병사들이 지급받은 개인장비 및 군수품이 과중해 중도에서 몰래 버림에 따른 물자 부족 등으로 수군은 더 이상의 진군이 불가능하게 되었다.

이러한 약점은 압록강을 건너기도 전에 고구려 주장(主將) 을지문덕(乙支文德)에게 간파당하였다. 이에 고구려는 그들을 고구려 깊숙이 유도해 그들의 능력을 한계점에 도달하게 한 뒤, 거짓 항복을 청해 퇴각할 구실을 만들어 주는 척하면서 일대추격전을 전개하였다.

특히, 퇴각하는 수군이 살수를 건너고 있을 때 이들을 배후에서 공격해 수나라 장수 신세웅(辛世雄)이 전사하는 등 대대적인 전과를 올려 요동성까지 살아간 병력은 겨우 2,700명에 불과했다고 한다.

한편, 수나라 해군은 바다를 건너 패수(浿水: 지금의 대동강)를 거슬러 올라가 평양성을 공격하려 했으나, 왕제(王弟) 고건무(高建武)가 지휘하는 고구려 결사대에 의해 막대한 피해를 입고, 거기에다가 육군의 참패로 전의를 상실하고 후퇴하였다. 이처럼 수륙양면에서 막대한 손실을 입은 수는 요동성 공격을 중단하고 총퇴각함으로써 두 번째 침략도 실패로 끝났다.

의의와 평가

이 전쟁에서 수나라는 막대한 희생에도 불구하고 겨우 고구려의 요하 서쪽 전진기지인 무려라(武厲邏: 지금의 新民 동북 遼濱塔)를 장악하는 데 불과하였다. 이러한 참패를 만회하기 위해 613년과 614년에 거듭 고구려를 침공했지만 모두 실패했고, 오히려 이로 말미암아 수나라 내부의 동요가 일어나 종말을 재촉하고 말았다.

신박한 한국 사람과 한반도

한편, 고구려도 거듭되는 수나라의 침공을 격퇴함으로써 국제사회에서의 위치를 신장시켰으나, 많은 국력의 소모로 뒷날 멸망에 이르는 중요한 요인의 하나가 되었다.

[네이버 지식백과] 살수대첩[薩水大捷]
『한국민족문화대백과』, 한국학중앙연구원 인용

구(귀)주대첩(龜州大捷)

1019년(현종 10) 고려에 침입한 거란군을 구주에서 크게 격파한 전투.

앞서 1010년(현종 1) 흥화진(興化鎭)의 수장 양규(楊規)가 거란 성종(聖宗)이 거느린 40만 대군을 구주 남쪽의 산악지대에서 대파하였다. 그러나 일반적으로 구주대첩이라 하면 1018년 12월 소배압(蕭排押)을 총지휘관으로 한 거란의 제3차 침입 때, 10만의 거란대군을 상원수 강감찬(姜邯贊) 등이 구주에서 크게 무찔러 거란군의 전의를 완전히 잃게 한 전쟁을 말한다.

구주는 993년(성종 12) 10월 거란의 제1차 침입 후 체결된 강화조약에서 서희(徐熙)의 외교적인 수완으로 고려의 점유를 인정받은 청천강 이북에서 압록강 입구까지의 강동지방에 설치된 행정구역인 강동육주의 하나이다.

그 뒤 1010년 11월 거란의 제2차 침입 때 거란군이 가장 고전하였던 곳도 바로 '조공의 길'이라는 명분으로 고려가 개척한 강동육주의 성진(城鎭)에서의 싸움이었다. 이처럼 전략적 기능이 뛰어난 이 지역의 반환을 둘러싸고 양국관계는 더욱 험악해져, 결국 1018년 12월

신박한 한국 사람과 한반도

고려는 거란의 제3차 침입을 받게 되었다.

이에 서북면행영도통사 강감찬을 상원수로, 대장군 강민첨(姜民瞻)을 부원수로 삼아 20만8천 대군으로 소배압이 이끄는 10만의 거란군을 맞아 싸우게 하였다. 거란이 제3차 침입에서 가장 고전한 곳도 역시 강동육주의 하나인 흥화진 성의 전면을 북에서 남으로 흐르는 삼교천(三橋川)의 싸움이었다.

이 싸움의 패배로 용기를 잃고 남진하던 거란군은 자주(慈州: 평안남도 자산) 남쪽에서 뒤쫓아온 강민첨의 공격을 받아 큰 손실을 입었다. 서경의 동북 마탄(馬灘)에서 대동강을 건너다 뜻하지 않은 사고를 당하는 등 불운이 겹쳐 거란군은 거의 전의를 상실한 상태였다.

소배압은 정벌을 포기하고 황해도의 신은현(新恩縣)에서 회군해 연주(漣州: 평안남도 개천)와 위주(渭州: 평안북도 영변) 사이에서 청천강을 건너려 하였다. 강감찬은 이때를 놓치지 않고 공격하였다.

다시 구주를 지날 때를 기다렸다가 병마판관 김종현(金宗鉉)의 공격에 몰려 북으로 달아나는 거란군을 뒤쫓아갔다. 그리하여 구주의 전면을 흐르는 석천(石川, 皇華川)을 지나 반령(盤嶺, 八營鎭)까지 강감찬의 추격을 받은 거란군은 겨우 수천 명만이 살아 돌아갔다.

1. 거란의 공격전략: 북로와 남로로 분진, 귀주와 흥화진을 경유 개경공격
- 본군은 북로를 따라 개경을 엄습, 고려군의 지휘체계를 마비시킨다.
- 별군은 남로를 따라 남진하여 고려군의 관심을 집중시키면서 본군의 남진을 엄호한다.

2. 고려의 방어전략
- 남북로의 부대들은 요군과의 충돌을 회피하고 성의 방어에 주력하되 철수하는 요군을 반격할 태세를 갖춘다.
- 방어군 주력부대는 요군의 청천강 이남 진출을 저지하되 전황 추이에 따라 흥화진 또는 귀주에 전진기지를 구축하여 요군의 남진기도를 분쇄한다.
- 서경 인근 제진군의 지원하에 서경성을 방어하여 요군의 대동강 이남 진출을 저지한다.
- 기병부대는 남로의 통주에 위치하여 남북 양로의 방어선 돌파에 대비한다.

- 전쟁기념사업회, 『한민족역대전쟁사』
고려시대의 전쟁, p. 178 -

결과

『고려사』에 "거란의 패함이 아직 이와 같이 심함이 없었다."라고 전하고 있듯이, 당시 구주대첩의 성과는 우리나라 전쟁사상 길이 빛나는 것이었다.

『요사(遼史)』에서는 다하(茶河)와 타이하(陀二河)의 패전에서 천운(天雲)과 피실(皮室)의 2군(二軍)의 익사자가 많았으며, 거란의 최고 명문인 요련장(遙輦帳)의 상온(詳穩: 邊民을 진무하는 관명) 아과달(阿果達), 객성사

(客省使) 작고(酌古), 발해상온 고청명(高淸明), 천운군상온 해리(海里) 등과 같은 고위간부들이 전사하였다고 전하고 있다.

기대에 어긋난 이 패전에 거란 성종은 크게 노하여 소배압에게 사신을 보내어서 "네가 적지에 너무 깊이 들어가 이 지경이 되었다. 무슨 얼굴로 나를 만나려는가. 너의 낯가죽을 벗겨 죽이고 싶다."라고 책망하였다고 한다.

의의와 평가

구주대첩이 지닌 가장 큰 의의는 거란의 성종으로 하여금 다시 무력으로 고려를 굴복시키려는 야망을 버리게 한 동시에, 거란이 끈질기게 요구하여 왔던 국왕의 친조(親朝)와 강동육주의 반환을 다시는 요구하지 않게 되었다는 데에 있다.

[네이버 지식백과] 구주대첩[龜州大捷],
『한국민족문화대백과』, 한국학중앙연구원 인용

한산도대첩(閑山島大捷)

임진왜란 때인 1592년 7월 한산섬 앞바다에서 전라 좌수사 이순신 (李舜臣), 전라 우수사 이억기(李億祺) 및 경상 우수사 원균(元均)이 거느린 조선 수군이 일본 수군의 주력부대를 무찌른 해전이다.

1592년(선조 25) 4월 일본군은 수륙병진계획으로 조선을 침범하였다. 그러나 그들 수군이 남해·서해로 침범하던 중 옥포(玉浦)·당포(唐浦)·당항포(唐項浦)·율포(栗浦) 등지에서 연전연패하였다. 그러자 수군의 유능한 장수였던 와키자카[脇坂安治]는 정예 병력을 늘려 73척을 이끌고 거제도 등지를 침범하였다. 수군장수였던 구키[九鬼嘉隆]도 42척을 거느리고 뒤를 따랐다.

일본 수군들의 동향을 탐지한 이순신은 7월 5일 이억기와 함께 전라좌우도의 전선 48척을 본영(여수) 앞바다에 집결시켜 합동훈련을 실시하였다. 다음 날인 7월 6일 본영을 출발해 노량(露梁: 경상남도 남해군 설천면 노량리)에 이르러 원균이 이끌고 온 7척과 합세하니 3도의 전선은 모두 55척이었다.

7일 저녁 당포 앞바다에 이르러 목동 김천손(金千孫)에게 일본 전선 70여 척이 견내량(見乃梁: 거제시 사등면 덕호리)에 머무르고 있다는 말을 들었다. 8일 한산섬 앞바다에 이르러 이를 확인하였다. 그때 일본 수군의 세력은 대선 36척, 중선 24척, 소선 13척 등 모두 73척으로서 지휘관은 수군장수 와키자카였다.

이순신은 견내량 주변이 좁고 암초가 많아서 판옥전선(板屋戰船)의 활동이 자유롭지 못한 것을 확인하고, 한산섬 앞바다로 유인해 격멸할 계획을 세웠다.

먼저 판옥전선 5~6척이 일본 수군을 공격하여 반격해 오면 한산섬으로 물러나면서 유인하였다.

일본 수군들은 그때까지 패전한 것에 대해 보복하려는 듯 의기양양하게 공격해 왔다.

싸울 기회를 포착한 이순신은 모든 전선이 학익진(鶴翼陣)을 짜서 공격하게 하였다. 여러 장수와 군사들은 지·현자총통(地玄字銃筒) 등 각종 총통을 쏘면서 돌진하였다. 싸움의 결과 중위장 권준(權俊)이 층각대선(層閣大船) 1척을 나포하는 것을 비롯해 47척을 분파(焚破)하고 12척을 나포하였다.

1. 일본 수군의 전술

주로 조총 사격으로 상대 전함의 병력을 살상시키고나 선상 백병전을 벌여 함선을 탈취하는 전략이었다.

2. 조선 수군의 전술

함포로 상대 전함을 격침시키는 데 주력하였다. 일본의 조총이 살상에는 효과적이었지만 함선을 격파할 수는 없었다. 이에 비해 조선 수군의 총통류는 대형화살과 철환, 단석 등을 발사하는 것으로… 사정거리가 400m나 되는 것으로서 병력살상에 는 효과가 없었지만 함선을 격파하는 데는 제격이었다.

＊ 한산도에서 패전의 보고에 접한 도요토미는 이후 거제도에 성을 쌓아 조선 수군의 공격에 대비케 하는 한편 경솔하게 조선 수군과 접전하는 것을 금지시켰다.

– 전쟁기념사업회, 『한민족역대전쟁사』 조선시대의 전쟁 p. 397 –

일본 수군 장수 와키자카는 뒤에서 독전하다가 전세가 불리해지자, 패잔선 14척을 이끌고 김해 쪽으로 도주해 이 해전은 조선 수군의 큰 승리로 막을 내렸다. 격전 중 조선 수군의 사상자는 있었으나 전선의 손실은 전혀 없었다. 일본군 400여 명은 당황하여 한산섬으로 도주했다가 뒷날 겨우 탈출하였다.

의의와 평가

이 해전을 진주성대첩(晉州城大捷, 1592.10.05.~1592.10.10.)·행주대첩(幸州大捷, 1593.02.12.)과 더불어 임진왜란 3대첩의 하나로 부른다. 이

대첩은 일본 수군의 주력을 거의 격파해 그들의 수륙병진계획을 좌절시켰다. 그리고 육지에서 잇단 패전으로 사기가 떨어진 조선군에게 승리의 용기를 주었다.

나아가 조선 수군이 남해안 일대의 제해권을 확보함으로써 이미 상륙한 적군에게도 위협을 주어, 그때까지 매우 불리했던 임진왜란의 전세를 유리하게 전환할 수 있었다.

외국의 역사가 헐버트(Hulbert, H. G.)도 "이 해전은 조선의 살라미스(Salamis) 해전이라 할 수 있다. 이 해전이야말로 도요토미(豊臣秀吉)의 조선 침략에 사형선고를 내린 것이다."라고 감탄하였다.

이 해전과 하루 뒤에 벌어진 안골포(安骨浦: 창원시 진해구 안골동)해전을 승리로 이끈 전공으로 이순신은 정헌대부(正憲大夫, 정2품), 이억기·원균은 가의대부(嘉義大夫, 종2품)의 품계를 받았다.

[네이버 지식백과] 한산도대첩[閑山島大捷]
『한국민족문화대백과』, 한국학중앙연구원 인용

신박한
한국
사람과
한반도

개정판 1쇄 발행 2023. 5. 23.

지은이 김형용
펴낸이 김병호
펴낸곳 주식회사 바른북스

편집진행 김재영
디자인 양헌경

등록 2019년 4월 3일 제2019-000040호
주소 서울시 성동구 연무장5길 9-16, 301호 (성수동2가, 블루스톤타워)
대표전화 070-7857-9719 | **경영지원** 02-3409-9719 | **팩스** 070-7610-9820

•바른북스는 여러분의 다양한 아이디어와 원고 투고를 설레는 마음으로 기다리고 있습니다.

이메일 barunbooks21@naver.com | **원고투고** barunbooks21@naver.com
홈페이지 www.barunbooks.com | **공식 블로그** blog.naver.com/barunbooks7
공식 포스트 post.naver.com/barunbooks7 | **페이스북** facebook.com/barunbooks7

ⓒ 김형용, 2023
ISBN 979-11-92942-91-9 03910